MEMOIRE
SUR L'ÉTAT DE LA
POPULATION
DANS LE PAYS DE VAUD,

Qui a obtenu le prix proposé par la Société Oeconomique de BERNE,

PAR M. MURET

Premier pasteur à Vevey, & Secretaire de la Société œconomique de Vevey.

YVERDON,

MDCCLXVI.

INDICE
DES MATIERES
ARTICLES PRÉLIMINAIRES.

MEMOIRE.

)(o)(

ARTICLES
DE CE MEMOIRE.

ETAT
DE LA POPULATION
Dans le Canton de BERNE.

TRavailler ſur la population du païs de Vaud, c'eſt aller pour ainſi dire, à la découverte d'un païs inconnu, & ſe frayer une route nouvelle au milieu des déſerts.

Pour ce qui eſt de la population actuelle, nous ne manquons pas de ſecours: les régîtres baptiſtaires ſont aujourd'hui exacts & bien tenus: la plupart des Paſteurs ont les rolles de leurs paroiſſes; & tout nouvellement, le Souverain ayant fait lever les dénombremens dans tous les lieux de ſa domination, il eſt aiſé de connoître l'état préſent de notre population. Il n'en eſt pas de même quand on veut porter ſes regards en arriére, & comparer la population d'autrefois avec celle d'aujourd'hui. Ici les ſecours nous manquent, & s'il exiſte quelque part des dénombremens anciens, ils ne ſont point parvenus à ma connoiſſance : je ſoupçonne même qu'un préjugé de ſuperſtition empêchoit de les entreprendre.

Il n'eſt point de Paſteur exact, qui n'ait le rolle de ſes paroiſſiens : point de régent d'école, qui n'ait le catalogue de ſes écoliers : point de fermier intelligent, qui n'ait un état ſpécifique des fonds qu'il eſt chargé de cultiver, & des beſtiaux qu'il doit nourrir, & l'on a cru juſques ici, qu'il étoit du devoir des Souverains, de conduire à l'aveugle la nombreuſe famille de l'Etat, ſans oſer en connoître les forces ni les beſoins. Le Souverain s'eſt ſagement affranchi de la loi du préjugé ; & les tabelles qu'il a fait remplir, vont lui fournir des matériaux très utiles pour bien régler ſon adminiſtration.

Au défaut d'anciens dénombremens, il faut avoir recours aux régitres des paroiſſes, pour juger de ce qu'étoit autrefois notre population. Mais nos plus anciens régitres, défectueux & très imparfaits, ne remontent pas à deux ſiecles, & le plus grand nombre, pas même à un ſiecle & demi. Je ne parle que des régitres baptiſtaires, car nos mortuaires ſont tous de ce ſiecle, & encore aujourd'hui, il en eſt pluſieurs qui ne ſont rien moins qu'exacts. Nos peres écrivoient peu : ils croyoient faire beaucoup de tenir régitre des vivans & l'idée ne leur venoit pas d'inſcrire auſſi, ceux qui n'ont plus de part aux affaires qui ſe paſſent ſous le ſoleil. Ce qu'il y a de certain, c'eſt que ſur un grand nombre de paroiſſes dont j'ai dépouillé les régîtres, par moi-même ou par autrui, il ne s'eſt offert à moi que deux mortuaires du ſiecle paſſé; l'un à Paleyſieux, ſous la tenue d'un ſeul Paſteur, de 1646 à 1680 l'autre à Pully, de 1617 à 1628. Les deux Paſteurs qui s'étoient aviſés d'enrégîtrer les morts, n'eurent ni prédéceſſeurs ni ſucceſſeurs de leur exactitude.

Ce qu'il y a même de ſingulier pour celui de Pully, qui étoit un homme exact & curieux, dont tous les régîtres ſont dans l'ordre le plus parfait, & enrichis d'obſervations interreſſantes; c'eſt qu'ayant continué les autres régîtres juſqu'en 1665. avec l'exactitude la plus ſcrupuleuſe, il ceſſa tout-à-coup d'inſcrire les morts. Je ſerois porté à croire, ou qu'on le lui défendit, ou qu'il ſe le défendit à lui-même, s'étant apperçu que ſes paroiſſiens s'en allarmoient. Ce qui me fait naître ce ſoupçon, c'eſt qu'après douze ans d'inſcriptions exactes, la peſte ſurvint qui fit dans ce lieu-là de très grands ravages: la peſte finie, il ſe contente d'indiquer en bloc, tant de perſonnes mortes de la peſte; & il finit là ſes enrégîtremens mortuaires, peut-être parce qu'il étoit accuſé d'avoir attiré ſur ſon peuple la vengeance céleſte.

Le fameux procès du faux Caille, où l'on reclamoit toujours l'extrait d'un régître mortuaire qui n'exiſtoit point alors, fit ſentir la néceſſité de ces inſcriptions. Quelque tems après ſeulement, commencérent au païs de Vaud, quelques régitres mortuaires en petit nombre. En 1708. fut pour la prémiére fois rendue à ce sujet une ordonance générale, & cependant l'usage ne s'en est introduit dans la plupart des paroisses, qu'après l'arrêt de Décembre 1727. qui renouvelloit la premiere ordonance; encore y a-t-il plusieurs Eglises, où les mortuaires sont de plus fraiche date, & quelques-uns si défectueux, qu'on doit les tenir pour nuls.

Il ne faut pourtant pas en attribuer la faute entiere à Messieurs les Pasteurs. La plupart ont deux Eglises réunies sous leur houlette, deux ou plusieurs cimétieres, quelquefois assez éloignés du lieu paroissial; & je sais qu'en divers lieux, les Pasteurs les plus exacts ont toutes les peines imaginables, à obtenir de leurs paroissiens qu'ils fassent inscrire leurs morts, quoique cette inscription ne leur coûte pas un dénier. On fait des réprésentations: on revient à la charge, on se plaint, on pourroit faire intervenir l'autorité supérieure, mais plutôt que de lutter sans cesse avec tout un peuple, on préfére souvent d'abandonner l'entreprise. De-là vient qu'encore aujourd'hui, il y a dans le païs, quoiqu'en petit nombre, des mortuaires si imparfaits, qu'on ne peut établir sur eux aucun calcul précis.

Division de l'ouvrage.

Contentons-nous donc des dénombremens

effectifs, & des régîtres baptistaires, & de ces deux sources, nous pourrons tirer avec assez de précision, l'état de notre population actuelle.

Remontons plus haut; & par le moyen du petit nombre qui nous restent d'anciens régîtres baptistaires, nous verrons qu'autrefois, la population dans ce païs étoit beaucoup plus forte.

De fréquentes pestes ont été longtems les causes de notre dépeuplement, mais il n'y a plus de causes physiques de dépopulation, & le païs a suffisament de ressources physiques, pour reparer promptement ses pertes. Les régîtres mortuaires exacts en divers lieux, nous fourniront sur cet article des preuves suffisantes.

Il faut donc attribuer le mal à des causes morales; & ces causes une fois connues, les remédes suivent tout naturellement.

Ces quatre articles nous tracent le canevas de ce mémoire: nous souhaitons de pouvoir le remplir à la satisfaction des lecteurs. Si nous y faisons entrer bien des choses qui ne sont pas précisément de la question proposée, elles ne sont pas cependant étrangéres à notre sujet, & l'on peut les envisager comme les fleurs & les nuances, qui servent à relever le fond trop uni d'une tapisserie.

ARTICLE I.

Population actuelle.

On demande le meilleur tableau de l'état de la population, dans le canton en général, ou dans quelque district particulier. J'entends ceci de la population actuelle, & j'embrasse le district particulier, mais considérable du païs de Vaud; & sans me mettre en peine de la division politique, c'est la langue qui formera mes limites. Je compte pour le païs de Vaud, toutes les paroisses de la domination immédiate de Leurs Excellences de Berne, où l'on parle la langue Françoise: ainsi le gouvernement d'Aigle, la partie Romande du Balliage de Gessenai, & le district de Payerne sont de ma province; mais je ne touche point aux Balliages médiats d'Echalens & de Grandson, non plus qu'à celui de Morat.

Le païs de Vaud, tel que je viens d'en marquer la délimitation, comprend 112 paroisses, (*a*) qui font un peuple de 113 mille ames: il est juste d'instruire le lecteur, des fondemens sur lesquels j'ai établi mon calcul.

(*a*) J'ai compris sous une même paroisse, non seulement toutes les annexes, mais encore quelques églises filiales, qui sont desservies par des Diacres ou des suffragans. Je les ai toutes rapportées à la paroisse où réside le Pasteur en chef.

Etablie 1°. sur la proportion des batêmes.

Quand je commençai mes recherches, LL.EE. de Berne n'avoient pas encore ordoné le dénombrement général; je manquois de matériaux, & ce n'est qu'à force de travail, & par la complaisance de Messieurs les Pasteurs, que je pus me procurer les matériaux nécessaires pour l'exécution de mon dessein. J'écrivis dans tout le païs, & ceux de mes confreres qui avoient des rolles complets de leurs paroisses, s'empressérent à me les fournir: quelques-uns même prirent la peine de dénombrer tout exprès leurs paroisses, pour m'en donner la note: les autres m'envoyérent le nombre des batêmes & des morts, sur 10. 15. 30 ans & davantage: presque tous ont satisfait à mes désirs. Enfin après de longues recherches, je réussis à me procurer de plus des deux tiers des paroisses, les dénombremens complets, ou du moins le nombre des comunians; & de presque toutes, le nombre des batêmes pendant dix ans.

Les régîtres baptistaires sans les dénombremens, ne m'auroient conduit qu'à des calculs incertains, & même très erronés. Car quoique les calculateurs politiques aient tous essayé d'établir une régle générale pour juger de la population d'un païs par les batêmes; cela même qu'ils sont si peu d'accord entr'eux, dans les proportions qu'ils nous donnent pour régle, prouve suffisament combien cette méthode est peu sûre.

Simpſon établit la proportion des naiſſances aux habitans, comme de 1 à 26, il eſt refuté par Kerſeboom, que ſes calculs conduiſent à 35. d'autres auteurs, à ce que nous dit le Baron de Bielfeld, établiſſent la proportion de 1 à 30. 31. 32. 34. le Docteur Halley la fixe à 28. les Magaſins Anglois l'établiſſent pour Londres ſur le pied de 50. & Short ſur le pied bien différent de $26\frac{1}{2}$. Les mêmes Magaſins indiquent cette proportion pour la Pruſſe, comme de 1 à 21. M. Suſmilch ne s'en éloigne pas beaucoup, il compte 22. M. Wargentin en Suede trouve 29. King & Short en Angleterre 29 ou 30. Suſmilch ſur 1098. villages du Brandebourg compte 30. ſur vingt petites villes $24\frac{1}{2}$, à Berlin 28. M. de Real dans ſon livre intitulé, *ſcience du Gouvernement*, donne des liſtes pour Copenhague qui portent à 49. Le même Auteur, & les Tranſactions philoſophiques donnent des liſtes pour Dreſde, qui ne portent qu'une naiſſance ſur 60 habitans. Et qu'on nous diſe encore, que la nature garde une marche uniforme, à moins que ce qui nous ſemble inconſtant & irrégulier, ne ſoit peut-être une régularité plus combinée, mais dont la combinaiſon nous eſt cachée.

Cette prodigieuſe variété entre les auteurs, me fit d'abord penſer que leurs ouvrages étoient ſi fort défigurés par les fautes d'impreſſion dans les chifres, qu'il n'y avoit aucun fond à faire ſur tous leurs calculs; mais quand j'ai vu enſuite, que d'un village à l'autre dans notre petit coin de païs, il y avoit les mêmes différences, j'ai compris que ces divers résultats pouvoient tous avoir été bien calculés; & la conséquence que j'en tire, & qui se présente naturellement, c'est qu'on ne doit point se flater d'établir si aisément une régle générale.

Pour appuyer cette conséquence, j'alléguerai l'exemple de deux paroisses égales en population, & dont la population des batêmes différe beaucoup. St. Cergue dans le Mont-Jura, dont la population n'est que de 171 ames, a donné en dix ans 66 batêmes. Letivaz dans les Alpes, dont la proportion de 180 ames est un peu plus forte que celle de St. Cergues n'a donné que 40 Batêmes. Voilà deux paroisses égales en peuple, l'une & l'autre dans les montagnes, à deux petites journées de distance, dont la proportion varie du tout au tout.

Autre exemple : Leyzin dans les Alpes, qui n'a donné en dix ans que 83 batêmes, & beaucoup moins les deux dizaines précédentes, ne devroit suivant la proportion des batêmes, passer St. Cergue en population que d'une cinquieme au plus; & cependant il y a 405 ames, de sorte que la proportion des batêmes aux habitans, n'est gueres que la moitié de celle de St. Cergue. Aussi les dénombremens de ces trois paroisses, nous offrent-ils des coups d'œil bien différens.

A St. Cergue 37 mâles sous seize ans, 37 au dessus; égalité parfaite entre le nombre des enfans & celui des adultes. A Letivaz, 30 au dessous de seize, 54 au dessus; c'est près du double. A Leyzin, 50 au dessous de seize, 142 au dessus, presque le triple. De même pour l'autre sexe : A St. Cergue, 40 filles au dessous de quatorze ans, 57 femmes adultes; à peu près un tiers de plus. A Letivaz, 20 sous quatorze, 76 au dessus; presque le quatruple. A Leyzin, 53 sous quatorze, 160 au dessus; par conséquent le triple.

Quelle prodigieuse différence aussi, dans la fécondité des mariages! A St. Cergue, 29 mariages actuels ont produit $6\frac{2}{3}$ enfans par an, c'est à peu de chose près, un enfant sur quatre mariages. A Letivaz, 23 mariages actuels ont donné 4 enfans par an, c'est un peu plus d'un enfant sur six mariages. A Leyzin, 98 mariages actuels n'ont donné que $8\frac{1}{3}$ enfans par an, un par conséquent sur douze mariages. Et comme sur toute la généralité du pays, il faut un (*a*) peu plus de six mariages actuels pour donner un enfant par an, Letivaz garde la proportion; St. Cergue fournit près d'un tiers de plus; Leyzin demeure en arrière, & ne donne que la moitié de son contingent. (*b*)

(*a*) Kerseboom en Hollande compte 2 enfans, sur 13 mariages actuels : c'est à peu près la même proportion que dans ce pays.

(*b*) Point de paroisse au pays, qui donne plus de mariages actuels, & moins de batêmes.

Voilà donc une petite paroiſſe dans les montagnes, qui fourmille d'enfans, & dont la population avance grand train, en voilà deux autres, petites auſſi, & dans les montagnes, où les enfans ſont la plus foible partie du peuple, & qui donnent par cela même, une proportion très peu favorable. J'ai choiſi, il eſt vrai, les paroiſſes où le contraſte étoit le plus frappant; mais quoiqu'il n'y ait pas dans la plupart des autres, des différences auſſi conſidérables, il reſte toujours certain, que d'un lieu à un autre, même à très peu de diſtance, & dans des lieux dont l'expoſition paroît ſemblable, les proportions ne laiſſent pas de varier beaucoup. C'eſt ce qu'on peut voir dans la table I. qui raſſemble toutes les proportions, & qui nous préſente une variété, que l'on n'auroit pas ſoupçonné pouvoir être auſſi grande.

2°. *Dénombremens effectifs, fondement des calculs.*

C'eſt donc principalement ſur les dénombremens effectifs, que j'ai fondé mes calculs, ſans négliger cependant la proportion des bâtêmes, que j'ai eu ſoin de comparer avec les dénombremens. Cette méthode m'a ſervi plus d'une fois, à découvrir les équivoques & les erreurs de pluſieurs dénombremens; & le rapport exact qui s'eſt trouvé dans la plupart des paroiſſes, entre la population actuelle, & le nombre indiqué des batêmes, m'a servi à justifier l'exactitude des indications. J'ai préféré d'établir mes calculs sur les batêmes plutôt que sur les morts, parce que le nombre de ceux-ci variant beaucoup à cause des années épidémiques, il faudroit avoir, pour établir un calcul certain sur le nombre des morts, au moins un demi siécle d'inscriptions exactes ; au lieu que dix ans pour les batêmes dont la marche est assez uniforme suffisent pour asseoir des calculs de proportion avec quelque certitude.

ARTICLE II.

Population plus forte autrefois.

Donner un tableau de la population actuelle, c'est préparer les matériaux à ceux qui dans la suite voudront s'exercer sur cette matiére : l'illustre société veut quelque chose de plus, & dans le cas d'une dépopulation manifeste, elle exige qu'on lui indique les sources, & les moyens de répopulation.

Y a-t-il donc, en effet, dépopulation, & dépopulation manifeste? c'est ce qu'il s'agit d'examiner ; & comme les anciens dénombremens nous manquent pour les comparer avec les modernes, essayons d'y supléer, en faisant la comparaison de nos anciens régîtres Baptistaires, avec ceux d'aujourd'hui.

Que le lecteur ne s'attende pas ici à quelque chose de bien complet : Dépouiller de vieux régîtres, la plupart presque inlisibles, ce n'est pas un petit travail; & outre que peu de paroisses ont des régîrtes anciens & en bon ordre, Messieurs les Pasteurs ne peuvent pas tous s'assujettir au long & ennuyeux ouvrage de pareils dépouillemens. Il a donc fallu se contenter des notes de quarante six paroisses; mais comme elles ne sont point choisies, & qu'elles ont été prises indiféremment dans tous les quartiers du païs, par tout où j'ai eu la comodité de faire moi-même ou d'obtenir ce dépouillement, j'estime que le résultat d'un nombre aussi considérable de paroisses prises au hazard, & qui font à peu près la moitié de toute la population du païs, peut être censé le résultat de la totalité.

Pour points de comparaison, je choisis trois Epoques de septante ans chacune. La prémiére avant 1620. aussi loin que remontent les régîrtes; la seconde de 1621 à 1690; la troisième de 1691 à 1760. Cette division en trois époques de septante en septante ans, n'est pas absolument arbitraire. On sait que peu de tems avant 1690. arriva dans ce pays, une colonie de François refugiés, & leur arrivée paroît devoir faire époque dans l'histoire de notre population. Or des trois époques, la prémiére sur laquelle à la vérité, je n'ai que peu de matériaux, étoit incontestablement la plus peuplée: la seconde l'étoit beaucoup moins: la troisiéme à souffert encore une nouvelle diminution, quoiqu'elle soit aussi forte en aparence que la précédente. Il s'agit de prouver ces allégués ; & quiconque voudra puiser dans les sources, n'a qu'à jetter les yeux sur la table II. qui présente les batêmes de chaque paroisse, sommés de dix en dix ans, & à la fin un résumé des trois époques.

1. Epoque *plus peuplée, & décadence de la population.*

J'ai posé en fait, que la prémiére des trois époques étoit incontestablement la plus peuplée. Je n'ai, il est vrai, que dix-sept régîtres qui remontent jusques à cette époque, & même aucun ne la fournissant complete, je n'ai pu en tirer le calcul que par proportions. Ces dix-sept paroisses nous donnent 49860 batêmes dans la prémiére époque; 45005 dans la seconde; 43910 dans la troisiéme. On y trouve par conséquent une dépopulation sensible & continuelle.

Il faut cependant distinguer les lieux sur dix-sept régistres qui rémontent jusques à la prémiére époque, il y en a dix, qui nous présentent une progression bien marquée de dépeuplement; savoir Gryon, Olon, les deux Ormont, Rougemont, Chateau-d'Oex, Rossiniére, Montreux, Ecublens & Avanche. Dans ces dix paroisses, la prémiére époque l'emporte constament: la seconde est plus foible: & la troisiéme plus foible encore: Les dix ensemble donnent

nent pour les trois époques, 31664. 26711. 23901. batêmes.

Nous avons encore la paroiſſe de Gingins, que je range ſans difficulté, dans la claſſe de celles qui avoient plus de peuple dans la prémiére époque, & dont la population nous préſente une décadence progreſſive. Le régître il eſt vrai, n'indique pour la prémiére époque que 1557. batêmes, pendant que la ſeconde époque en fournit 1606, & la troiſiéme conſidérablement affoiblie, ſeulement 1322, mais il faut conſidérer que le régître ne remontant pás plus haut que l'année 1550. & ne donnant que trente ans dans la prémiére époque, ſur les quels il y en a dix de négligence bien marquée, occaſionnée par la peſte qui régnoit alors, ſi l'on tient pour nulles les inſcriptions de ces dix années, & qu'on tire la proportion ſur les vingt autres plus exactes, au lieu de 1557. batêmes dans cette prémiére époque nous en aurons 1848. proportion très ſupérieure à celle de la ſeconde époque.

Trois autres paroiſſes, qui ſont Villeneuve, Corſier & St. Saphorins, nous préſentent la prémiére époque comme la plus forte, la ſeconde comme la plus foible, & la dernière comme ayant un peu regagné, ſans être pourtant remontées à leur prémier point de population. Le nombre de batêmes pour les trois époques dans ces paroiſſes eſt, 8704. 7402. 8073.

Bex, Morges & Vallorbe, ſont les ſeules paroiſſes qui ſemblent nous indiquer des progrès ſuivis de population, 7935. 9286. 10614.

B

encore ces progrès sont-ils bien douteux. Morges en effet, ne tire point à conséquence, eû égard au désordre des anciens régîtres. Vallorbe foible dans la prémiére époque, peut-être par l'imperfection des régîtres, a toujours regagné depuis 1610. jusques au commencement de ce siècle, que sa population étoit montée à un point, auquel dès lors elle n'est point revenuë. Bex dont la population étoit considérable dans les anciens tems, tomba tout-à-coup dans les tems calamiteux de 1620 à 1630; & sa population ayant promptement regagné, paroît s'être toujours bien soutenuë.

Mais comme ces calculs de comparaison, ne laissent dans l'esprit sur une simple lecture, que des traces confuses, le lecteur pourra vérifier ces indications sur la table II; un coup d'œil lui suffira pour se convaincre, qu'avant 1620 le pays étoit certainement plus peuplé, & de beaucoup qu'il ne l'est aujourd'hui.

2. Epoque *plus ou moins peuplée en divers lieux.*

La deuziéme époque nous offre moins d'uniformité. Il est des quartiers de pays qui ont gagné, principalement les pays de bled; il en est d'autres où la dépopulation est toujours allée son train. Nos Alpes, par exemple, ont beaucoup perdu, & perdent journellement de leur population. Mais à prendre la totalité des quarante-ſix paroiſſes dont j'ai dépouillé les régîtres, je trouve que la ſeconde époque fournit 94874 batêmes, & la troiſiéme 97607. augmentation bien foible, qui dans l'eſpace conſidérable de ſeptante ans, ne monte qu'à 2733. batêmes, à peu près la vingtième partie du peuple que ces paroiſſes contiennent: encore ſi cette foible augmentation étoit bien réelle, mais je ne crains pas de rien avanturer en diſant, que cette prétenduë augmentation n'eſt qu'en apparence.

Il faut avoir veu, comme je l'ai fait, un grand nombre de régîtres, pour ſavoir à quel point ils étoient imparfaits & mal tenus dans cette ſeconde époque. Les prémiéres années de cette époque-là, étoient pour ce pays des tems calamiteux, où la peſte ayant fait des ravages affreux, les égliſes furent confiées à des écoliers conſacrés prématurément, & appellés encore enfans à la charge de paſteurs: les régîtres ſe reſſentent de l'incapacité de ceux qui les tenoient alors.

Je dis donc que ſi durant cette époque, où les régîtres étoient généralement en déſordre, pluſieurs paroiſſes nous préſentent dans ces régîtres imparfaits, autant ou plus de batêmes, qu'il ne s'en trouve aujourd'hui dans nos régîtres exacts & bien tenus; la conſéquence qu'on en doit tirer, c'eſt qu'il y a dépopulation manifeſte: & je ſuis perſuadé que le petit excédent de batêmes, qui ſe trouve ſur la

B 2

totalité des 46 paroiſſes dans la derniere époque, ne remplit pas à beaucoup près, le vuide des inſcriptions omiſes dans l'époque précédente,

Une choſe à obſerver encore c'eſt que dans notre derniére époque, ſont tous les batêmes de la colonie françoiſe. Je ne puis pas dire quel en eſt le nombre dans tout le pays, mais je ſais bien qu'à Vevey ont été batiſés pendant les 70 ans, 1385 enfans de race françoiſe. On peut bien en ſuppoſer à peu prés autant, dans les villes de Morges, Rolle & Nion, qui ont reçu un aſſez grand nombre de refugiés; & quatre ou cinq cens au moins dans les 42 paroiſſes reſtantes, où il s'en eſt auſſi établi quelques-uns.

3. Epoque *réellement plus foible.*

En ſorte que ſi d'un côté, l'on ajoute aux batêmes de la ſeconde époque, tel nombre ſi petit que l'on voudra, eû égard à l'imperfection des régîtres; & que d'un autre côté, l'on déduiſe dans la troiſiéme époque, les batêmes de race Françoiſe, il ſe trouvera que comme la ſeconde époque de notre chronologie, eſt viſiblement plus foible en population que la prémiére, de même auſſi la troiſiéme nonobſtant le petit excédent apparent, eſt conſidérablement plus foible que la ſeconde &, qu'ainſi il y a dépopulation manifeſte & progreſſive.

Cependant, comme je l'ai déja obſervé,

tous les quartiers du pays ne sont pas précisément dans le même cas. Il est des endroits où la population gagne : le balliage d'Oron en particulier, qui fournit à la population de tout le voisinage, (*a*) non seulement soutient la sienne, mais l'augmente. Si ce petit quartier de pays avoit des ressources suffisantes pour retenir ses habitans, on verroit augmenter sa population avec une rapidité inconcevable.

III. ARTICLE.

Les pestes dépeuploient autrefois le pays.

L'ancienne dépopulation du pays, doit être attribuée aux fréquentes pestes, qui l'ont autrefois désolé ; & s'il a pu se soutenir nonobstant la fréquence d'un fleau si terrible, c'est une preuve de la bonté du climat, & des res-

(*a*) Le balliage d'Oron, non compris les villages qui se trouvent dans les paroisses de Corsier, de Méziére, & de Dommartin, n'a que deux paroisses, qui font environ 1700 ames. De ces deux paroisses se trouvent actuellement dans la seule ville de Vevey, 235 personnes qui en sont sorties, soit leurs ancêtres. Dans cette même ville, il y a 200 personnes originaires du balliage de Rougemont, la partie Romande, qui est d'environ quatre mille ames. Oron en proportion, fournit à Vevey, à peu prés trois fois autant que Rougemont. Celui-ci se dépeuple, Oron se soutient : l'un est pays de bled, l'autre de pâturages.

ſources aſſurées, que le pays peut fournir poûr une prompte répopulation.

J'ai raſſemblé dans la table IV. une liſte très conſidérable; des peſtes qui ont régné en Suiſſe; & peut-être y en a-t'il eu pluſieurs autres, qui ne ſont point venuës à ma connoiſſance: c'eſt le hazard qui m'en a fait découvrir le plus grand nombre, ſouvent par les annotations des Paſteurs, ſur les régîtres de leurs paroiſſes, ou par des inſcriptions ſur les livres des conſeils, quelquefois par des manuſcrits de famille; & quoique je n'indique le plus ſouvent qu'une ſeule paroiſſe, il ne faut pas s'imaginer que la peſte ſe ſoit tenue renfermée dans l'enceinte de cette paroiſſe; mais ſeulement parce que c'eſt le lieu qui m'a fourni l'annotation.

Je me ſuis fait à moi-même ſur ces peſtes ſi fréquentes, une objection que pluſieurs perſonnes m'ont faite auſſi. Ne donnoit-on point le nom de peſtes à de ſimples épidémies de toute eſpece? Mais à en juger par les ravages qu'elles faiſoient, on ne ſauroit douter que pluſieurs ne fuſſent de véritables peſtes; & dès lors que cette maladie étoit malheureuſement connuë dans le pays, il étoit bien aiſé de la diſtinguer de toute autre.

Une peſte qui enléve à Vevey & la Tour 1400 ames: une autre qui en fait périr à Vevey plus de 1500, & 2500 au balliage de Rougemont: une troiſiéme dont il mourut 700 ames à Ormont deſſous; & pluſieurs autres tout auſſi meurtriéres que celles-là, étoient bien ſans contredit des peſtes. Le peu de précautions qu'on prenoit alors pour s'en défendre, étoit ſans doute la cauſe de ces peſtes ſi fréquentes, qui ſe promenoient d'un pays à l'autre, & qui ſe perpétuoient dans l'Europe. On en jugera par ces deux traits.

En 1613 régnoit dans tout le pays une peſte, qui à Vevey ſur-tout étoit d'une violence extrême. A un quart de lieuë de Vevey mourut un paſteur qu'il s'agiſſoit de remplacer. La claſſe (*a*) s'aſſemble dans les chaleurs du mois de Juillet, ſans autre précaution que celle de tranſporter l'aſſemblée à deux lieuës de Vevey : & le paſteur élu fut préſenté par un Aſſeſſeur Ballival, qui ne craignit point de venir de Lauſanne à Corſier pour cette cérémonie.

En 1629. la peſte étoit terrible dans tout le pays, mais plus violente à Nion. La claſſe s'aſſemble à Aubonne, auſſi dans le Mois de Juillet, pour remplir une égliſe vacante. Plaintes du conſeil d'Aubonne ſur ce qu'un Miniſtre de Nion étoit entré dans l'égliſe. Sur cette plainte il fut délibéré, que ce Miniſtre ſortiroit de l'aſſemblée, avec permiſſion cependant de s'y repréſenter à l'heure de la nomination, pour offrir ſes ſervices pour les poſ-

(*a*) On appelle *claſſes* dans ce pays, les compagnies de paſteurs, qu'on appelle ailleurs des *Synodes*.

tes vacans. Quoiqu'il en ſoit, & ſans rechercher quelle a pu être la cauſe de ces peſtes ſi fréquentes, ce qu'il y a de certain, c'eſt qu'elles ont régné, & dépeuplé conſidérablement le pays. *Voyez la table IV.*

Mais pas la grace de Dieu, nous ſommes depuis long-tems exempts de peſtes, & pourtant la dépopulation continue. Y auroit-il peut-être dans le pays quelque cauſe phyſique de dépeuplement ? Non certainement, il n'y en a point ; & le phyſique de notre pays fourniroit de quoi reparer promptement nos pertes. Mais il ne ſuffit pas d'aſſurer une choſe, il faut que la démonſtration ſuive & rien n'eſt plus aiſé que de la donner ; car lorſqu'un pays ſe dépeuple, s'il pèche par le phyſique, les morts ſont en plus grand nombre que les naiſſances : mais tant que celles-ci l'emportent, ce n'eſt point au phyſique qu'on doit attribuer la décadence de population, il faut de néceſſité qu'il y ait d'autres cauſes.

Le pays de Vaud pourroit doubler ſa population en 120. ans.

Or par les calculs que j'ai établis ſur la totalité des paroiſſes du pays, & en pluſieurs maniéres, j'ai toujours eu pour réſultat de proportions générales, 100 batêmes pour 79$\frac{1}{3}$ morts, ou ce qui revient au même, 126 batêmes pour 100 morts. Et comme dans ce pays le nombre des morts eſt à celui des habitans, comme 1 à $45\frac{1}{9}$, il s'ensuit qu'un peuple de 4511 ames nous donne annuellement cent morts, & qu'insi le païs gagnant châque année 26 sur 4511. notre population devroit augmenter châque année $\frac{1}{173}$ & quelque chose au-delà, ensorte que le nombre des habitans du païs doubleroit dans l'espace d'environ 120 ans.

Le lecteur trouvera à la fin de ce mémoire, la table III. qui lui présente d'un côté, une formule toute calculée du tems auquel doit doubler la population d'un païs quelconque, dès que l'on connoît la proportion de l'excédent des batêmes sur les morts avec la totalité du peuple; & d'un autre côté, l'application de cette même formule aux divers balliages du païs de Vaud.

Il est vrai que nos régîtres mortuaires, qui servent de base & de fondement à ce calcul, n'ont pas à beaucoup près toute l'exactitude qui seroit à désirer. Je dois donc instruire le lecteur des précautions que j'ai prises, & des opérations que j'ai faites, pour assurer, autant qu'il étoit possible, la certitude de mes résultats.

D'abord je dois dire, que s'il y a des régîtres mortuaires défectueux il s'en trouve beaucoup d'exacts, & que ceux-ci font le plus grand nombre: d'ailleurs, j'ai eu l'attention de mettré de côté comme nuls, ceux qui m'ont paru les moins exacts; supléant à leur défaut par les proportions trouvées dans les autres paroiſſes du même balliage. On les reconnoîtra par le chifre ſouligné qui marque le nombre des morts dans ces paroiſſes.

Au moyen de cette précaution, les omiſſions ne vont pas fort loin, & j'eſtime qu'elles ſont plus que compenſées par les enfans morts ſans batême, qui augmentent le nombre des morts, ſans être couchés ſur le régître des batêmes. A Vevey, par exemple, je trouve en 18 ans, 140 enfans morts ſans batême, ſur 1448 batiſés, ce qui fait le neuf pour cent, qu'il faut ajouter au nombre d'enfans inſcrits dans le livre des batêmes, pour avoir l'exacte balance.

J'eſtime donc qu'on peut compter avec aſſez de certitude, & ſuivant le calcul de nos régîtres, 26 pour cent de gain ſur la balance des naiſſances & des morts; proportion au reſte, qui n'eſt point exorbitante. Si elle eſt plus avantageuſe que celle d'Angleterre, qui eſt de 112 batêmes ſur 100 morts dans toute l'Angleterre, & de 117 dans les villages, (*a*) elle l'eſt beaucoup moins que dans les Etats du Roi de Pruſſe, où la proportion indiquée dans les actes de Breslau, eſt de 146 à 100 (*b*) Suſmilch établit la proportion générale des morts aux naiſſances, comme de 10 à 12 juſqu'à 13. (*c*) Or la proportion de 100 à 126 que nous

(*a*) Derham Théol. phyſ. page 251. 254.
(*c*) Bibliot. Brit. Tome II page 47. 48.
(*b*) Suſmilch. Tome I. Chap. VII. page 237.

trouvons dans ce païs, tient le milieu entre 12 & 13.

Et ce qui m'assure avec une pleine certitude, que cette proportion de vingt-six pour cent, que nous avons trouvée par le moyen des régîtres, ne s'éloigne pas beaucoup de l'exacte vérité, c'est que par deux autres calculs, établis sur deux méthodes très différentes, je trouve à peu près les mèmes résultats. Je vais mettre sous les yeux du lecteur ces deux calculs, aussi clairement qu'il me sera possible.

Je prends dans la table I. le nombre des mariages actuels, qui est de quelque chose au-delà de dix-neuf mille. Joignez y environ neuf mille pour les veufs & les veuves, c'est quarante-sept mille sur un peuple de cent treize mille ames, dont il y a septante six mille adultes; il reste par conséquent environ vingt-neuf mille qui ne sont point mariés. Mais ceux-ci étant pour la plupart de jeunes gens, dont il se mariera sûrement plus des deux tiers, le nombre des célibataires suivant ce calcul, ne peut être que d'environ neuf mille, c'est-à-dire, tout au plus la huitiéme partie des adultes, dont la masse de notre peuple se trouve composée.

Or pour déduire de ces principes, la conséquence que je prétends en tirer pour l'accroissement de notre population, que j'ai supposé être de 26 batêmes sur 100 morts, voici de quelle maniére je continue mes opérations. Je trouve que les batêmes annuels dans tout le païs, sont au nombre de 3156, qui à 20 ans, ſuivant l'ordre de mortalité que le païs nous préſente, doivent ſe trouver reduits 1915. Retranchant de ce nombre la 8e. partie pour les célibataires, il nous reſte 1676 perſonnes à marier, qui ſont 838 couples; mais comme il arrive ſouvent qu'une perſonne ſe marie plus d'une fois, ce nombre de 1676 perſonnes, au lieu de 838 mariages, en donnera 953. ſuivant un autre calcul, duquel nous allons rendre raiſon ci-après.

Maintenant puiſque les 3156 enfans qu'on batiſe annuellement au païs, ſont le fruit de 805 mariages qui s'y célébrent chaque année, il eſt clair que ces enfans ſuivant nos calculs devant donner en leur tems 953 mariages, il y a 18 pour cent à gagner ſur les batêmes, & 23 pour cent ſur les morts, dont le nombre eſt d'un quart inférieur à celui des batêmes; & le réſultat de ce calcul s'éloigne très peu de celui que nous avions trouvé, en tirant de nos régîtres la balance des batêmes & des morts.

Par un autre calcul fait à Vevey qui journellement ſe dépeuple, & qui ne ſoutient ſa population qu'aux dépens de tout le voiſinage & de l'étranger, j'ai trouvé que l'augmentation effective d'une génération à l'autre, étoit auſſi le 23. pour cent de la maſſe du peuple; ce qui ſert à confirmer encore, l'exactitude du calcul fondé ſur la comparaiſon des régîtres. Et comme c'eſt ici un calcul fort combiné & curieux, qui nous découvre beaucoup de choses intéressantes & relatives à notre sujet; le lecteur ne me saura pas mauvais gré de lui en rendre compte un peu en détail.

Entr'autres moyens que M. Depacieux indique, pour connoître quelle est la vie moyenne dans un pais; il veut qu'on s'informe d'un grand nombre de femmes, combien d'enfans elles ont eu, & de quel sexe: de l'âge qu'avoient à leur décès les enfans qu'elles ont perdu, de l'âge actuel de ceux qui restent en vie qu'on ajoute à l'âge de ceux-ci, la probabilité de leur vie, & qu'on divise la somme totale par le nombre des enfans.

En suivant cette méthode, j'ai trouvé 32 ans de vie moyenne sur le nombre considérable de 2093 enfans, tous nés à Vevey, & issus de 375 meres. J'aurois trouvé la vie moyenne plus forte, si je me fusse servi d'une table de probabilités calculée sur notre païs; mais je passe légérement sur cet article de la vie moyenne & quoique ce fut d'abord l'unique objet de mes recheches, c'est la moins intéressante des découvertes, aux quelles ce travail m'a conduit.

Et d'abord puisque 375 meres ont donné 2093 enfans crians, il résulte que châque mere en a mis au monde $5\frac{10}{12}$. Je dis châque mere, & non point chaque mariage, ce qui fait une grande différence, parce que toute femme qui se marie, n'a pas l'avantage d'être mere, & que souvent une femme est mere de plus d'un mariage.

Ces 375 meres ayant eu quelques-unes d'autres maris, dont plusieurs ont eu d'autres femmes; j'ai trouvé joignant le tout ensemble 381 maris, 419 femmes, combinés en 455 mariages, ce qui donne 110 femmes pour 100 maris. Sur ces 419 femmes, il s'en est trouvé 36 qui ont eu deux ou plusieurs maris; sur les 381 maris, 74 qui ont eu deux ou plusieurs femmes: & c'est sur le fondement de ce calcul de combinaisons, que j'ai établi ci-dessus, page 28 que 1676 personnes qui se marient, doivent donner 953 mariages.

Les 2093 enfans, suivant les recherches que j'ai faites du sexe & des âges, étoient 1046 mâles, 1047 femelles; dont il est mort au dessous d'un an, 276 mâles, 195 femelles, dans la proportion de 141 à 100 au préjudice des mâles. Au dessous de 30 ans, il est mort 526 mâles, 452 femelles. Il en reste qui ont atteint l'âge de 30 ans, 279 mâles, 290 femelles; & de ceux qui n'ont pas encore atteint cet âge, 241 mâles, 305 femelles, que je suppose reduits à 215 mâles, 272 femelles, après déduction faite des probabilités & des chances, qu'ils ont à courir jusques à l'âge de trente ans.

Ces faits posés, voici le calcul que j'établis. Les 2093 enfans amenés jusques à l'âge de trente ans, se trouvant réduits au nombre de 1056 savoir 494 meles, 562 femelles, ôtons 60 mâles célibataires, (c'est la 8e. partie, suivant la proportion calculée sur toute la population du païs, & par une ſupoſition qui donne plutôt plus que moins, comme en effet je n'en ai pas trouvé à beaucoup près autant dans mon dénombrement de Vevey:) il reſtera à marier 434 mâles, qui ſuivant la proportion ci-deſſus indiquée de 110 femmes pour 100 maris, doivent épouſer 478 femmes. Otons-en 20 ſtériles, (c'eſt encore la proportion que j'ai trouvée ſur la population de Vevey; & vraiſemblablement le nombre en doit être moins grand dans les campagnes, où communément les femmes ſont plus robuſtes, & où l'on ſe marie plus jeune;) il nous reſtera 458 femmes mariées, qui toutes auront le bonheur d'être meres. Or ſi 375 meres ont donné 2093 enfans, il eſt clair que 458 doivent en donner 2556; d'où je concluds en confirmation de mon allégué ci-deſſus, que la maſſe du peuple doit augmenter à châque génération, d'environ 23 pour 100 & par un calcul progreſſif il s'enſuit, que l'eſpace de 110 à 112 ans, qui ne fait que $3\frac{1}{3}$ générations, doit être ſuffiſant pour doubler notre population, s'il n'y a point de cauſes étrangéres, qui en retardent ou qui en arrêtent les progrès.

Et ce qu'il eſt important de faire ici obſerver au lecteur, c'eſt que tout ce calcul eſt fondé ſur l'état vicieux des choſes, & tel qu'il eſt actuellement. Je n'ai point ſuppoſé que tous entrent dans le mariage, ni qu'ils ſe marient dans l'âge où le vœu de la nature les y appelleroit, ni que les gens mariés aient autant d'enfans qu'ils pourroient en avoir, ni que les peres & meres redoublent leurs soins pour la conservation de leurs enfans. Mon culcul ne suppose point de reforme, j'ai égard au nombre de mâles célibataires, & de femmes stériles: je prends les mariages tels qu'ils sont, les enfans dans le même nombre qu'ils naissent, & je les améne à l'âge d'homme, en suivant l'ordre de mortalité que le païs nous présente; qui plus est, je les amène tous à trente ans, quoique le plus grand nombre des hommes, parmi le commun peuple surtout, se marient plus jeunes.

J'ajouterai encore que dans le calcul établi sur ces 2093 enfans, le nombre des femelles se trouvant, contre l'ordre accoutumé, égal à celui des mâles, il arrive qu'à l'âge de trente ans, le sexe masculin est dans une proportion moins favorable, & qu'ainsi il y a moins de paires, que si le calcul eut été fait dans un lieu, où la naissance des mâles auroit gardé sa supériorité ordinaire. Cependant, & nonobstant toutes ces choses contraires à mon calcul, le résultat en est, que suivant l'ordre physique, même beaucoup dérangé par le vicieux du moral, la population de Vevey, qui pourtant se dépeuple, devoit presque doubler dans un siecle. La suite de ce mémoire indiquera les causes, auxquelles on doit attribuer ce vuide de population.

Mais avant que de quitter ce calcul, il me semble

ſemble que c'eſt ici le lieu, de dire quelque choſe de la proportion des deux ſexes. Il eſt connu que les mâles naiſſent en plus grand nombre que les femelles, l'excédent eſt à peu près le cinq pour cent, dans ce païs comme ailleurs; & à ce ſujet, Derham dans la Théologie phyſique, (a) obſerve que *le ſurplus des mâles eſt très-ſagement ordonné, pour remplacer la perte de ceux qui ſont tués à la guerre, qui périſſent ſur mer, ou par d'autres accidens dangéreux, auxquels les hommes ſont plus expoſés que les femmes.* Que ce ſurplus de mâles ſoit très ſagement ordonné, je n'ai garde de dire le contraire. La Providence ſe montre par-tout, & par-tout infiniment ſage, mais je n'aime point à penſer, que le pere commun ait fait naître des hommes, pour être tués par leurs ſemblables. Cherchons une autre ſolution, & ſi ce fait phyſique ſe trouve lié avec un autre qui ſoit phyſique auſſi, la ſolution ſera plus naturelle & plus ſatisfaiſante.

Il naît plus de mâles, le fait eſt certain; mais y a-t-il dans le monde plus de mâles que de femelles? C'eſt une autre queſtion. La mortalité eſt ſi grande pour les petits garçons, que dès la prémiére année de la vie, *ce ſurplus de mâles* dont nous étions en peine eſt dejà diſparu, & que les femelles l'emportent juſques à la fin de la vie. Un coup d'œil jetté ſur la table VI. préſentera au lecteur l'ordre

(a) Derham Théol. phyſ. page 253.

de mortalité beaucoup moins avantageux pour les mâles.

Cette obſervation n'a point échappé à Suſmilch ; il poſe en fait, (*a*) que quoiqu'il naiſſe $\frac{1}{20}$ ou $\frac{1}{25}$ de garçons plus que de filles, comme il meurt en bas âge $\frac{2}{25}$ de garçons plus que de filles, il parvient de celles-ci $\frac{1}{25}$ de plus à l'âge nubile. Je ne ſuis donc plus en peine avec Derham de l'excédent des mâles : mais que ferons-nous de cet excédent de femelles ? On pourroit dire peut-être que le beau ſexe n'étant pas deſtiné à chercher, mais à répondre aux empreſſemens de l'autre ſexe, il importe qu'il y ait un petit excédent, afin que les hommes aient plus de choix ; mais la recherche que j'ai faite ſuivant la méthode de M. Deparcieux, m'en laiſſe entrevoir une meilleure raiſon.

J'ai deja dit que 100 hommes épouſoient 110 femmes. La raiſon en eſt toute ſimple ; c'eſt que les hommes ont des motifs & des facilités que les femmes n'ont point, pour contracter un ſecond mariage : auſſi voit-on que le nombre des veuves eſt toujours beaucoup plus grand que celui des veufs, & ce ſurplus de femmes ſemble marqué par la Providence pour la conſolation des veufs, d'autant plus que l'excédent paroît exactement calculé, 110 femmes pour 100 maris ; 100 femmes

(*a*) Suſmilch, Tome II. page 279. & ſuivantes.

nubiles pour 100 hommes en âge de ſe marier : & véritablement j'ai été bien ſurpris, de trouver, en cherchant la vie moyenne, un argument que je ne cherchois pas, en faveur de la Polygamie ſucceſſive. J'avois fait cette découverte, avant que d'avoir vu l'ouvrage de Suſmilch, & enſuite en le parcourant, je me ſuis apperçu que je n'étois pas le ſeul, que des recherches de cette eſpèce euſſent conduit à découvrir cette vérité.

M. de Voltaire ignorant ſans doute, combien la mortalité de l'enfance eſt plus grande pour les hommes, prétend, que *les maſſacres pour cauſe de religion dépeuplent plus que les combats, parce*, dit-il, *que dans les batailles, on ne détruit* que l'eſpéce mâle, toujours plus nombreuſe que la femelle, *mais dans les maſſacres faits pour la religion, les femmes ſont immolées comme les hommes.* (*a*) Il eſt bien permis à un poëte de ſe livrer à une penſée brillante, & de négliger l'exactitude des calculs.

Mais revenons à notre ſujet. J'ai poſé en fait, qu'il n'y a point aujourd'hui de cauſe phyſique de dépeuplement dans ce païs; & qu'au contraire, le phyſique du païs peut fournir dequoi reparer promptement nos pertes. Pour prouver mon allégué, j'ai fait un calcul général ſur les régîtres baptiſtaires & mortuaires comparés avec les dénombremens effectifs, d'où il réſulte, que le païs devroit dou-

(*a*) Voltaire, addit. à l'hiſtoire générale page 311

bler sa population dans l'espace d'environ 120 ans; résultat qui se trouve confirmé par deux autres calculs, qui s'éloignent très peu du premier. Ma thése est prouvée, cependant il faut en convenir, la fécondité de nos femmes n'est pas aussi grande que dans les autres païs, & la Suisse n'est plus aujourd'hui *Officina gentium.* Mais consolons-nous, puisque ce désavantage est amplement compensé par le bonheur inestimable de conserver nos enfans, qui échappent beaucoup mieux aux dangers de l'enfance.

M. de Buffon dans son histoire naturelle, (*a*) fournit le dépouillement des régîtres mortuaires de trois paroisses de Paris, & de douze paroisses de la campagne; il paroît par sa liste bien calculée, que la moitié des personnes qui meurent, sont des enfans au dessous de l'âge de 8 ans. Je ne prétends rien opposer à cette liste qui est très-exacte; mais quand M. de Buffon s'efforce de prouver, que c'est là en général la marche ordinaire de la nature, j'avoue que cela me sembloit trop affligeant pour l'humanité, pour en croire cet auteur sans autre examen.

Vie moyenne en divers sens, fort avantageuse dans ce païs.

Je me mis à dépouiller incessament le régître de Vevey, & ensuite tous ceux des pa-

(*a*) Buffon, hist. naturelle Tome II.

roisses voisines, & bientôt j'eus occasion de me convaincre, que si la régle établie par M. de Buffon étoit aussi générale qu'il vouloit le faire entendre; nous étions un peuple singuliérement favorisé, puis qu'au lieu de ce triste nombre de 8 ans, je trouvois pour terme moyen dans ce païs 36 ans, 40 ans, & même davantage.

Ma curiosité excitée par le succès de mes premieres recherches, m'engagea à les continuer. Pour cet effet, je dépouillai moi-même tous les régîtres des environs & tous ceux des paroisses où j'avois occasion d'aller. Je m'adressai de tous côtés à Messieurs les Pasteurs, & à force de travail, je suis venu à me procurer les dépouillememens de 43. régîtres, qui me donnent 41 ans 4 mois pour *terme moyen*: 37 ans 5 mois pour *vie moyenne*: 26 ans 2 mois pour *moyen du moyen*. C'est ici un langage inintelligible pour quiconque n'en a pas la clé; je dois en donner l'explication.

Ce que j'appelle *terme moyen*, c'est celui au dessus & au dessous duquel, il meurt un nombre égal de personnes. Supposons 1000 enfans pris à leur naissance, l'âge auquel ils se trouvent réduits à 500, c'est le terme moyen. C'est là ce milieu que M. de Buffon fixe à 8 ans, en conséquence de sa liste: son calcul est juste; mais il ne peut servir que pour Paris & ses environs. Simpson qui met ce terme moyen à $3\frac{1}{2}$ ans pour Londres; M. Wargentin à $6\frac{1}{2}$ pour la Suede; M. Kerseboom à 31 pour la

Hollande, ont bien calculé aussi; & mon calcul n'est pas moins juste, quoiqu'il me fasse trouver un terme moyen différent, & plus grand que celui de tout autre païs.

Etonné moi-même d'un calcul si avantageux, il me vint dans l'idée, qu'on ne pouvoit gueres compter sur ces indications d'âges, souvent avanturées, & faites le plus souvent, par des gens du commun & fort ignorans; mais bientôt mon scrupule s'évanouit, quand je vins à réfléchir, sur l'impossibilité de faire une erreur considérable en indiquant l'âge d'un enfant. On peut bien inscrire comme âgé de 60 ans, un homme de 58 ou de 62; mais jamais on n'indiqua l'âge d'un homme fait, quand il s'agit de l'enrégîtrement d'un enfant.

Il ne faut pas s'imaginer, au reste, que le terme moyen dans ce païs, étant de 41 ans 4 mois, tandis que celui de Suéde n'est que de 6 ans & demi, il s'ensuive que la vie de nos enfans soit, ni six fois plus longue, ni six fois plus assurée qu'en Suéde; l'erreur seroit des plus grandes. L'avantage de notre païs est réel; mais si l'on considére qu'entre 10 & 30 ans, la mortalité est très peu considérable, on verra que sur mille enfans dans un lieu quelconque, s'il en meurt par exemple, au lieu de 400 au dessous de l'âge de cinq ans, un quart de plus ou de moins, cette quatriéme partie suffiroit, pour faire monter le terme moyen au dessus de 40 ans dans un des lieux, tandis que dans l'autre il seroit au dessous de 7 ans. Un coup d'œil jetté ſur la table IX. juſtifiera ce calcul.

Sur mille enfans au païs de Vaud, il en eſt mort 300 au deſſous de cinq ans, & le terme moyen eſt de 41 ans 4. mois. Suppoſons qu'il en fût mort cent de plus; au lieu de 610 qui nous reſtent des mille à l'âge de 20 ans, nous n'en aurions que 510 & notre terme moyen ſeroit de 22 ans. En Suede le terme moyen n'eſt que de 6 ans 6 mois, & ſur mille enfans, il en eſt mort 486 au deſſous de cinq ans; s'il en étoit mort 86 de moins, ce n'eſt pas tout-à-fait la cinquiéme partie, il en reſteroit à 20 ans 513 & cette cinquiéme ôtée ſuffiroit pour faire monter le terme moyen à 23 ans.

Ce que j'appelle *vie moyenne*, & que la plupart de ceux qui ont travaillé ſur ces matiéres appellent auſſi de ce nom, c'eſt le quotient des années qu'ont vécu toutes les perſonnes, ſur leſquelles on établit le calcul, diviſées par le nombre de ces perſonnes, & cette vie moyenne ne revient pas précifément au terme moyen. Suppoſons en effet deux paroiſſes, où il mourût le même nombre d'enfans en bas âge; mais que dans l'une, les criſes de l'enfance une fois paſſées, ils atteigniſſent preſque tous la vieilleſſe, tandis que dans l'autre, les fiévres, les pleuréſies emporteroient un grand nombre de perſonnes à la fleur de l'âge, il eſt aiſé de comprendre que le terme moyen pourroit être le même dans les deux paroiſſes, quoique dans l'une on vécut beaucoup plus que dans l'autre.

Le calcul de la vie moyenne demande une opération plus longue, mais il donne quelque chose de plus uniforme & de plus précis. La liste de M. de Buffon, par exemple, qui ne donne que 8 ans pour terme moyen donne 25 ans de vie moyenne. Celle de notre païs 41 ans 4 mois pour terme moyen, 35 ans 5 mois de vie moyenne, c'est-à-dire, qu'à prendre mille personnes sur nos régitres mortuaires, la vie de tous ensemble a été de 35417 ans, ou ce qui revient au même, à prendre mille enfans à leur naissance, la probabilité est qu'ils vivront tous ensemble 35417 ans.

Mais comme on peut prendre la vie moyenne d'un enfant à sa naissance, on peut la prendre de même pour tous les âges de la vie, & trouver par le même calcul appliqué aux divers âges, ce qu'ont à espérer de vie les personnes d'un âge quelconque. Or ayant disposé mes tables de maniére qu'elles présentent la vie moyenne à 0 d'âge, à 1 an, à 2, à 5, & ainsi de suite de cinq en cinq ans jusqu'à 85. J'ai imaginé de prendre encore le moyen de ces vies moyennes, & c'est ce que j'appelle *le moyen du moyen*, dont le calcul varie beaucoup moins encore, & que le terme moyen, & que la vie moyenne prise à la naissance. La liste de M. de Buffon suivant ce calcul donne 22 ans, celle de notre païs 26 ans 2 mois.

Dans mes tables se trouvent ces trois calculs de vie moyenne : celle des divers âges, est à côté de châque âge : Le calcul composé des vies moyennes, immédiatement au dessous des âges. Le terme moyen tout au bas de la page.

Pour la satisfaction du lecteur, j'ai rassemblé dans une table de comparaison, (table IX.) l'ordre de mortalité de divers païs, & l'on verra qu'il n'en est aucun, où la vie des enfans soit plus assurée que dans le nôtre. Je ne dis pas aucun où la vie soit plus longue, l'avantage que nous avons dans l'enfance sur les autres peuples, nous le perdons en avançant vers la vieillesse. Ne seroit-ce point que nos peuples abusent de la force de leur températmment, & que les excès du vin hâtent la vieillesse & précipitent la mort d'un grand nombre de personnes ?

Qu'on ne s'étonne pas, au reste, de voir que d'un païs à l'autre, l'ordre de mortalité varie beaucoup, puisque d'une paroisse à l'autre, la différence est quelquefois assez grande ; & qui plus est, dans une même paroisse, suivant que l'on embrasse ou non, des années épidémiques dans le calcul. Un exemple fera juger du reste. J'ai trouvé pour terme moyen huit années consécutives dans une même paroisse, 42 ans, puis 5, puis 43. 8 mois 49. 3 mois, 58, 59½, 35. 49. On comprend bien, que l'année qui ne donna que cinq ans pour terme moyen, étoit épidémique : il y eut beaucoup de jeunes enfans emportés par la petite vérole, & de-là cette énorme différence. (a)

Objection sur mon terme moyen plus long que la vie moyenne ; & la réponse.

Je dois placer ici une objection, qui vient de personnes dont je respecte les grandes lumiéres. „ Par mes résultats, objectent ces „ personnes, le terme moyen est dans ce pays „ plus long que la vie moyenne, ce qui est „ contre l'ordre & les observations des autres „ pays. Cette différence leur a fait naître un „ scrupule. Elles demandent s'il y a un pays „ au monde, où *le terme moyen* puisse aller à „ 61 ou 56 ans, dans le sens qu'on attache „ à cette expression. Leur soupçon est, que ces „ résultats ne peuvent avoir lieu, qu'en pre- „ nant le terme moyen de la vie, sur un „ nombre des personnes mortes dans un cer-

(a) J'ai fait la même observation dans 3 autres paroisses.

	Vevey	Blonai	Chébres
1756.	61 $\frac{1}{2}$	11	12
1757	45 $\frac{1}{2}$	9	19 $\frac{1}{2}$
1758	42	47	59 $\frac{2}{3}$
1759	37 $\frac{1}{2}$	27	55
1760	50 $\frac{1}{2}$	12	15
1761	40 $\frac{1}{2}$	42	38

Il paroît que Chébres & Blonai ont eu des épidémies, dont Vevey a été exempt.

„ tain lieu & dans une certaine année extra-
„ ordinaire. Mais ce n'est pas ainsi dit on qu'on
„ cherche *le terme moyen.*

L'objection, si je l'ai bien saisie, porte sur deux choses. Il y a quelques paroisses dont le terme moyen paroît exorbitant, & contre toute vraisemblance; & de plus, c'est dit-on, *contre l'ordre & les observations des autres pays*, que je trouve dans celui-ci, le terme moyen plus long que la vie moyenne.

Surquoi j'observerai d'abord, que les observations des autres pays nous présentent aussi, le terme moyen & la vie moyenne, comme deux choses très différentes. La liste de Mr. de Buffon qui indique 8 ans de terme moyen, donne 25 ans de vie moyenne : celle de Mr. Deparcieux pour la Normandie & le Perche, 16 ans de terme moyen, 25 ans 9 mois de vie moyenne: les listes de Mr. Simpson, Hogdson, Kerseboom, Wargentin, & plusieurs autres qui se trouvent dans le livre de Mr. Susmilch, donnent toutes un terme moyen différent de la vie moyenne; & quoique ce dernier, pour abréger une opération qui seroit très longue suivant l'autre méthode, se contente d'indiquer le terme moyen, qu'il suppose ne différer pas beaucoup; cependant sa table générale qui ne donne que 19 ans 2 mois de terme moyen, donne dix années de plus, quand on veut, suivant une méthode plus exacte, mais plus longue & plus pénible, établir le calcul de la vie moyenne.

Je suis donc d'accord en ce point, avec

tous ceux qui ont travaillé ſur ces matiéres, c'eſt qu'ils ont trouvé comme moi, le terme moyen différent de la vie moyenne : mais ce en quoi mes résultats différent des leurs, c'eſt qu'au lieu qu'ils ſont tous uniformes, à trouver le terme moyen plus court que la vie moyenne, je le trouve au contraire plus long, dans la plupart des paroiſſes ſur leſquelles j'ai établi mes calculs. Mais que l'on ſe donne la peine de jetter un coup d'œil ſur la table IX. on trouvera aiſément la raiſon de cette différence.

Je prendrai pour exemple, la table de Simpſon pour Londres ; & je vois que les mille enfans ſur les quels le calcul eſt établi, ſont déja reduits à 453 à l'âge de 5 ans, ce qui fait que le terme moyen, n'eſt que de 3 ans & demi. Mais quand il s'agit d'établir le calcul de la vie moyenne, je trouve que les 54 perſonnes qui reſtent en vie à 70 ans, ont déja vécu 3780 ans, qui diviſés par le nombre primitif de mille, donnent un quotient plus fort que les trois ans & demi du terme moyen ; ſans parler des années que ces 54 perſonnes ont encore à vivre, & des années qu'avoient vécu tous ceux qui ſont morts dans les âges intermédiaires, depuis la naiſſance juſqu'à 70 ans. Auſſi la vie moyenne de la table de Simpſon eſt-elle de 18 ans 4 mois, beaucoup plus forte que le terme moyen.

Je prend enſuite la table de notre pays de Vaud ; & je vois que ſur mille enfans, il en reste encore 506 à l'âge de 40 ans, & qu'ainsi le terme moyen est de 41 ans 4 mois. Mais pour que la vie moyenne surpassât le terme moyen, il faudroit que les mille personnes eussent toutes ensemble vécu plus de 41333 ans, & qu'elles eussent atteint la vieillesse dans la même proportion avantageuse, ce qui ne se trouve pas.

Il est bien vrai qu'à l'âge de 80 ans, il nous reste encore 46 personnes, tandis qu'il n'en reste que 23 dans la table de Simpson ; aussi la vie moyenne est-elle chez nous de 37 ans 5 mois, tandis que celle de Simpson n'est que de 19 ans 4 mois. Mais si l'on compare les deux tables suivant leurs proportions, dans les âges de la vieillesse, on verra que Londres à regagné sur nous, puisque les 23 qui restent en vie à 80 ans, font la dixième partie de ceux qui vivoient à 40 ; au lieu que les 46 qui nous restent à cet age là, ne sont que la onzième de ceux qui nous restoient à 40 ans. On verra de même par les tables de Mrs. Wargentin & Kerseboom, qu'en Hollande & en Suède, il reste à 80 ans, la sixième partie de ceux qui vivoient à l'âge de 40 ans.

J'ai répondu, ce me semble, d'une maniére satisfaisante, à ce que l'on m'avoit objecté ; sur ce que, *contre l'ordre & les observations des autres pays*, j'ai fait le terme moyen, plus long dans ce pays que la vie moyenne ; mais il me reste à lever cette autre difficulté, *y a-t-il un pays au monde, où le terme moyen puisse aller, à 56 ans*, & davantage?

J'ai moi-même été surpris, je l'avouë, des résultats que donnoient nos régitres : cependant je ne me suis pas borné à deux ou trois paroisses. S'en ai embrassé 43, je ne me suis pas contenté de deux ou trois ans, j'en ai embrassé tout autant, que les régitres ont pu me fournir d'inscriptions, où les âges fussent marqués d'une maniere suivie, laissant de côté comme nuls, ceux qui n'indiquoient les âges que d'une partie des morts. De-là vient que mes tables ne donnent pas le même nombre d'années pour toutes les paroisses. Chébres, par exemple, m'a fourni 40 ans, Pully 35, Rossinière 28; tandis qu'il y a des paroisses qni ne m'ont fourni que 5 ou 6 ans d'inscriptions.

Dans tous les régitres, il y a toujours quelques morts dont l'âge n'est pas indiqué, je m'en suis fait donner la qualification: il y a pour l'ordinaire, jeune enfant, femme agée, vieillard, ou quelqu'autre désignation pareille, que j'ai eu soin d'aprécier toujours, de maniére à ne pas trop enfler mon calcul. Ainsi sur les 943 morts de Château d'Oex, comme il s'en trouvoit dix, sans indication d'âges, ni rien qui désignât, si c'étoient de petits enfans, ou des personnes avancées en âge; je les ai supposés au dessous d'un an, ce qui n'a pas empèché que le terme moyen de Château d'Oex, ne passe 49 ans, & la vie moyenne 42.

Il m'étoit venu le soupçon, que peut-être on auroit négligé beaucoup d'inscriptions de petits enfans, ce qui faifoit monter fi haut le terme moyen. Mais je fuis revenu de cette idée, quand j'ai confidéré la grande uniformité de certains diftricts. Nos Alpes, par exemple, donnent la vie moyenne très forte, Leyzin 61 ans; Gryon 54; les Ormont 45 & 43; Château d'Oex & Létivaz 49; Roffiniére 50; & outre que les régîtres de ces montagnes font des plus exacts qu'il y ait dans le pays, une pareille régularité ne fut jamais l'effet de l'inexactitude & du hazard.

Je ne garantirai pas nos régîtres de toute omiffion, & qui nous affurera qu'il n'y en ait pas autant, dans les régîtres des autres pays, fur lefquels font établis les calculs de divers auteurs? Mais j'efpére que le lecteur fera content, des précautions que j'ai prifes, pour lui fournir des réfultats auffi certains que la chofe étoit poffible.

Le fujet que je traite dans ce mémoire, offre une telle variété de recherches & de combinaifons, qu'il n'eft prefque pas poffible de s'aftreindre à fuivre un ordre bien exact. Une queftion incidentelle, en améne une autre incidentelle auffi, qui fans être précifément à fa place, ne pourroit pas aifément la trouver ailleurs. Je retourne donc fur mes pas, & je demande au lecteur quelque indulgence.

J'ai dit ci-devant, mais fans le prouver, que la fécondité de nos femmes n'étoit rien moins que merveilleufe. La Pruffe, le Brandebourg, la Suéde, la France; j'aurois plutôt fait de dire tous les pays; sur lesquels j'ai eu occasion de voir des calculs, sur un nombre égal d'habitans, donneront toujours plus de batêmes que nous, qui n'en comptons qu'un sur 36 ames. La Hollande donne un batême sur 35 Habitans; & c'est de tous les pays, celui dont la proportion approche le plus de la nôtre, tant pour le nombre des naissances, que pour l'ordre de mortalité.

Des recherches faites, il y a quelques années à Lyon, firent trouver la proportion des batêmes aux habitans, comme 1 à 28 dans Lyon même: à 25 dans les petites villes; 23 ou 24 dans les petites paroisses.* Quelle prodigieuse différence du Lyonois au pays de Vaud, où la proportion la plus favorable, & seulement dans deux petites pareisses d'une fécondité singuliére, n'est pas au dessous de 26, & où dans plusieurs paroisses, elle passe de beaucoup les 40! La même différence a lieu aussi pour la vie moyenne: elle est de 25 ans & un peu plus dans le Lyonois, tandis que dans notre pays, la vie moyenne la plus foible, & dans une seule paroisse, pays mal-sain & marécageux, est de 29 ½ ans, & qu'il y a bien des endroits, où elle est de 45 ans, & davantage.

Mais d'où vient que notre pays, où les enfans échappent mieux aux crises de l'enfance, où la vie moyenne, de quelque maniére qu'on en établisse le calcul, est plus considérable que

par

par tout ailleurs, eſt préciſément celui de tous, où la fécondité eſt la moins grande ? D'où vient encore que de toutes nos paroiſſes, celle qui nous donne la vie moyenne la plus forte, eſt auſſi celle qui reſte le plus en arriére pour la population? Pour réſoudre cette queſtion, je hazarderai une conjecture, que je ne donne que pour telle. Ne ſeroit-ce point, que pour maintenir par-tout le même équilibre de population, Dieu auroit ſagement réglé les choſes de telle maniére, que la force de la vie dans chaque pays, ſoit en raiſon inverſe de la fécondité.

Je ſuppoſe, en effet, que l'expérience vérifie ma conjecture. Leyzin ſur un peuple de 400 ames, donne un peu plus de 8 enfans par an. Le pays de Vaud en général ſur le même nombre d'habitans, en donne 11; & le Lyonois 16. Mais s'il ſe trouve qu'à l'âge de 20 ans, les 8, les 11, & les 14 ſoient reduits au même nombre, la force de la vie donnera dans un lieu, ce que la fécondité, donne dans un autre; & ainſi les pays les plus ſains, ayant moins de fécondité ne ſe peupleront point trop, & les mal-ſains, par leur grande fécondité, ſoutiendront également leur population. Je ſouhaiterois que par des calculs faits en divers pays, & pluſieurs fois réitérés, l'on cherchât à s'aſſurer, ſi ma conjecture auroit quelque fondement.

Objection. La vie moyenne doit être plus forte, où il y a le moins d'enfans. Réponse.

Je ne dois point passer sous silence, une idée qui m'a été fournie par une personne très distinguée par ses lumiéres; „ La vie „ moyenne ne donneroit-elle point des produits „ différens, en raison de l'émigration, & du „ nombre des célibataires, plus grand dans „ un district que dans l'autre? Supposée une „ paroisse où l'on se marie d'avantage; donc „ plus d'enfans: donc plus de morts dans le „ bas âge de la vie: donc la vie moyenne don„ nera un quotient plus petit, que dans un „ lieu où il y a moins de mariages, moins „ de jeunes gens, & conséquemment plus de „ vieillards.

J'avouë que cette objection, à laquelle je ne m'étois point attendu, & dont je sentis d'abord toute la solidité, me fit craindre de voir évanouir entiérement cet avantage flateur, que je regardois comme un dédommagement, de notre peu de fécondité dans ce pays. Car il est incontestable, que si dans un lieu quelconque, les adultes sont en plus grand nombre en proportion des enfans, il y aura plus de morts dans les âges les plus avancés, par conséquent une vie moyenne plus longue, & le réciproque. C'est donc là très certainement, une des causes de cette différence de vie moyenne en divers lieux. Mais je me suis assuré par une recherche très exacte, que cette cauſe là n'eſt pas l'unique, & que notre pays conſerve, encore à cet égard, un avantage conſidérable.

Pour découvrir ce que je déſirois de ſavoir, j'ai cherché d'abord quelle étoit dans chaque paroiſſe, la proportion entre les adultes & les enfans, & j'ai trouvé qu'en général, là où les adultes étoient en plus grand nombre, la vie moyenne étoit plus longue. Mais les exceptions à cette régle ſont ſi fréquentes, qu'il eſt viſible, que des cauſes de ſalubrité, ou telle autre qui peut-être nous eſt inconnuë, ſe joignent à la cauſe générale ci-deſſus indiquée. Par exemple, de 40 paroiſſes ſur leſquelles j'ai établi mon calcul, Lauſanne eſt la troiſiéme de celles, où la proportion des adultes eſt la plus forte, cependant elle n'eſt que la 36 pour la vie moyenne. St. Cergue au contraire, qui de toutes les paroiſſes eſt celle où les adultes ſont en plus petit nombre, eſt la quatriéme en rang pour la force de la vie. Voyez la table XII qui préſente les quarante paroiſſes arrangées, ſuivant que les adultes y ſont dans une proportion plus conſidérable.

M'étant aſſuré par ce calcul qu'il n'y a point d'uniformité à cet égard, & qu'ainſi la vie moyenne plus ou moins longue dans chaque lieu, ne dépend pas uniquement du nombre plus ou moins grand d'enfans & d'adultes; j'ai cherché par un calcul abſolu & non rélatif, quel étoit préciſément l'avantage de notre pays pour la vie forte des enfans.

Pour cet effet, prenant dans la table V. le nombre total des morts des 40 paroiſſes, j'en ai trouvé 16400, deſquels 6122 ſont morts au deſſous de l'âge de 15 ans, ce qui donne 373 ſur mille. Mais comme ce calcul ne réſoud pas encore pleinement l'objection, à moins que l'on n'y joigne celui des batêmes, j'ai trouvé que les 40 paroiſſes ayant donné dans le même eſpace de tems 19489 batêmes, le nombre des enfans morts au deſſous de 15 ans, eſt de 314 ſur mille batêmes *Voyez la table XIII.*

Ce calcul ainſi établi ſur le même nombre de mille batêmes dans chaque paroiſſe; peu importe dans quelle proportion y ſoient les enfans ou les adultes; que l'on s'y marie peu ou beaucoup, la paroiſſe ou le pays qui a l'avantage ſur les autres, c'eſt celui où il meurt le moins d'enfans ſur le nombre donné de mille batêmes.

Or non-ſeulement je trouve à cet égard, d'une paroiſſe à l'autre, la même différence que j'ai obſervée ſur tous les autres articles; (*a*) mais de plus je retrouve pour notre pays, cet avantage bien décidé ſur tous les autres; puiſque ſur mille batêmes, nous

(*a*) La paroiſſe de Blonai, par exemple, qui à la vérité ſur 8 années, en a eu deux ou trois épidémiques, a ſur mille batêmes, 500 morts au deſſous de 15 ans, tandis que d'autres paroiſſes n'ont que le tiers ou le quart de ce nombre.

n'avons que 314 enfans qui ſoient morts au deſſous de 15 ans, pendant qu'il y en a 363 dans le Brandebourg : 377 à Paris, paroiſſe St. Sulpice : 385 en Poméranie : 446 à Berlin : 606 à Vienne,

A meſure que j'avançois dans mon travail, les queſtions ſe ſont multipliées ; & j'eſpére que le lecteur ne me ſaura pas mauvais gré, de lui apprendre le réſultat de mes recherches. Quel eſt le ſexe qui vieillit d'avantage? Y a-t-il en effet pour les femmes, un âge critique, où elles aient beaucoup à craindre pour leur vie? Quel eſt l'état le plus favorable pour la vie, le célibat ou le mariage? Les caſualités des mois dans ce pays, ſont-elles les mêmes qu'ailleurs? Un mot ſur chacune de ces queſtions, après quoi quittant toutes digreſſions, nous reprendrons le plan général de notre mémoire, pour rechercher les cauſes de notre dépopulation & les remédes à ce mal.

Quel eſt le ſexe qui vieillit d'avantage? la table IV. qui préſente l'ordre de mortalité des deux ſexes, eſt la meilleure réponſe que je puiſſe faire à cette queſtion. De 8170 mâles, le nombre dès la prémiére année eſt déja reduit à 6353, tandis que ſur même nombre, les femelles dès la prémiére année, l'emportent de cinq cent ; & juſques à la fin de la vie, le nombre des femelles reſtantes, & leur vie moyenne, ſont toujours plus conſidérables. Le terme moyen pour les mâles eſt à 35 ans 9 mois, pour les femelles à 46 ans.

Mr. Kerſeboom a trouvé qu'en Hollande, un nombre de femmes quelconque, vivoit plus qu'un pareil nombre d'hommes, ſelon le rapport de 18 à 17; il ajoute, que toutes les femmes qui naiſſent dans un endroit, vivent autant que tous les hommes qui naiſſent dans le même endroit: mes calculs donnent encore plus d'avantage aux femmes, leur vie étant à celle des hommes, ſelon le rapport de 18 à 16, au lieu que la différence du nombre des deux ſexes, eſt beaucoup moins grande à la naiſſance. La liſte de Mr. Wargentin pour la Suède, & celle de Mr. Deparcieux pour Paris, font voir auſſi que les femmes parviennent à un âge plus avancé, que les hommes.

Mais n'y a-t-il pas cependant pour le ſexe, un âge critique & dangereux pour la vie? Je ſais bien que c'eſt là une opinion généralement répandue; & que les femmes craignent pour leurs filles la prémiére révolution, & pour elles-mêmes, l'âge où cette révolution ceſſe. Il ſemble même que l'état de langueur, dans lequel on en voit tomber pluſieurs, n'autoriſe que trop leurs allarmes. Cependant Mr. Deparcieux & Mr. Wargentin, l'un en France, l'autre en Suède, n'ont pas trouvé que l'âge de 10 à 20 ans, ni celui de 40 à 50, ſoient plus critiques pour les femmes: & mes obſervations dans ce pays ſe rapportent parfaitement aux leurs.

De dix à quinze ans, ſur 5000 (*a*) mâles, j'ai 183 morts; ſur 5500 femelles, 170 mortes. De quinze à vingt ans, ſur 4800 mâles, 181 morts; ſur 5300 femelles, 182 mortes. De vingt à vingt-cinq ans, ſur 4600 mâles, 194 morts; ſur 5180 femelles, 169 mortes. Il paroît donc, que les meres ont tout ſujet de ſe tranquiliſer ſur le compte de leurs jeunes filles. Si elles ſouffrent quelques incommodités, il n'y a cependant point de danger pour la vie, puiſqu'il paroît clairement, que ſur un nombre égal de jeunes gens des deux ſexes, il meurt toujours plus de mâles que de femelles.

L'avantage eſt encore tout entier du côté des femmes, à l'approche des cinquante ans. De 40 à 45, ſur 3750 mâles, j'ai 250 morts; ſur 4300 femelles, ſeulement 247 mortes. De 45 à 50, ſur 3400 mâles, 385 morts; ſur 3950 femelles, 402. De 50 à 55 ſur 3050 mâles, 341; ſur 3575 femelles, 818: toujours à nombre égal, il meurt plus de mâles que de femelles, même à cet âge qu'on regarde comme critique, & que les femmes redoutent ſi fort.

Il eſt donc certain, que dès la naiſſance les femmes en général ont un avantage ſur les

(*a*) Tous ces nombres ne ſe rencontrent point avec ceux de la table VI. parce que j'ai pris 5000 pour le milieu de dix à quinze ans, entre 5071 & 4888 &c.

hommes, qu'elles conservent dans tout le cours de la vie. Quelle peut en être la raison physique? c'est ce que j'ignore. Mais pour ce qui est de l'état du mariage comparé avec celui du célibat, on conçoit aisément, que l'avantage doit être pour l'état qui répond aux vuës du Créateur. L'homme & la femme étant appellés au mariage, il est naturel de penser, que cette vocation remplie ne doit point leur nuire, mais plutôt contribuer à leur meilleure santé, & à la conservation de leur vie. Mais c'est ici une vérité de fait, qui se prouve mieux par des calculs, que par des argumens théologiques.

Femmes mariées vivent plus que les filles.

Mr. Deparcieux dit que la liste de la paroisse St. Sulpice à Paris, & celle de Mr. Wargentin prouvent, qu'en effet, l'on vit plus long-tems dans l'état du mariage. Je ne sais point quels calculs Mr. Deparcieux peut avoir fait, ni quelle méthode il a suivi, mais sa conclusion se trouve conforme à ce que j'ai moi-même observé dans ce pays. Cette recherche exige des calculs extrêmement combinés, dont je dois rendre raison pour faciliter au lecteur l'intelligence de ma table.

Si les filles & les femmes, dès la naissance jusques à la mort, faisoient deux classes distinctes, rien de plus aisé que de prendre la vie moyenne des unes & des autres; & de s'asſûrer par un calcul fort ſimple, quel des deux états donne plus de probabilité, pour une longue vie. Mais entre 15 & 50 ans, les filles changent d'état, & leur claſſe chargée en attendant de toutes celles qui ne ſont pas encore devenues femmes, & qui courent plus ou moins long-tems la chance de filles, doit néceſſairement donner un plus grand nombre de morts. Ainſi, pour établir ſur ces deux claſſes de femelles, un calcul vrai; il faudroit ôter de la claſſe des filles, celles qui en ſortent par le mariage & en charger à meſure la claſſe des femmes; deſorte que connoiſſant le nombre effectif de l'une & de l'autre claſſe, on pût ſavoir au juſte quelle eſt la mortalité de châcune.

Pour venir à ce calcul, je me ſuis informé auſſi exactement qu'il m'a été poſſible, de l'âge auquel ſont entrées dans le mariage, toutes les femmes de Vevey; & ſur le nombre conſidérable de ſix cent, j'ai trouvé par la proportion, que ſur mille femmes, il en eſt entré dans le mariage, 171 avant l'âge de vingt ans, & de cinq en cinq ans juſqu'à cinquante 351. 255. 105. 66. 26. 26. J'ai fait la même recherche ſur le nombre de plus de mille femmes, priſes indifféremment dans les villes & dans les villages, & j'ai obſervé qu'à la campagne, elles ſe marioient beaucoup plus jeunes. Or dans ce calcul, plus les femmes ſe ſont mariées jeunes, plus le nombre effectif en eſt conſidérable dès les prémiéres années,

& par conſéquent la mortalité moins grande à proportion, puiſqu'elle eſt repartie ſur un plus grand nombre de perſonnes.

Ainſi ma table étant calculée ſur l'état d'une ville, où les femmes ſont entrées plus tard dans le mariage, il eſt clair, que la différence eſt toute entiére au préjudice de la claſſe des femmes; & cependant par cette table, la vie des femmes eſt plus longue que celle des filles. Mon calcul tiré de 35 régîtres, ſur lesquels j'ai établi l'ordre de mortalité de l'une & de l'autre claſſe, donne 7123 femelles, qui à l'âge de 15 ans ſont reduites à 4714 toutes filles; & dès lors, elles commencent à ſe diviſer en deux branches, dont 1099 ſont demeurées filles, 3615 ſont entrées dans le mariage.

Si elles y étoient entrées toutes à la fois, le calcul ſeroit aiſé; mais comme elles ont changé d'état, les unes plus jeunes, les autres moins jeunes, la table VII page C. indique l'ordre, ſuivant lequel la claſſe des femmes s'eſt peuplée aux dépens de celle des filles. Et quant à la derniére colonne, qui préſente le nombre de filles & de femmes mortes ſur mille, comme il ſemble que les chiffres ne ſe rapportent pas, je dois avertir le lecteur, que j'ai établi mon calcul ſur le moyen de ces deux nombres. Ainſi les 146 filles mortes de quinze à vingt ans, ſont 33 ſur mille, non point de 4714 ni de 3951 mais du moyen de ces deux nombres.

Voici donc tout le myſtére de cette table. La page A. colonne du milieu, préſente l'ordre de mortalité des femelles en général, ſans diſtinction de filles & de femmes. Elles ſont à la naiſſance au nombre de 7123; qui à 50 ans ſe trouvent reduites à 3287, dont 527 encore filles & qui demeurent telles, 2760 actuellement femmes. Or il eſt bien viſible, que ſi l'on pouvoit ſéparer les deux claſſes dès la naiſſance, puiſque les 3287 femelles qui reſtent en vie à l'âge de 50 ans, ſont le reſte des 7123 que nous avions à la naiſſance, les 527 filles, devroient être le réſidu de 1350; & les 2760 femmes, le réſidu de 5893.

Les deux claſſes enſemble ſe trouvent confondues, & courent conjointément une même chance, juſques à l'âge de 15 ans; & en les ſuppoſant l'une & l'autre de mille perſonnes, elles ſe trouvent réduites à l'âge de 15 ans, comme on le voit dans la table, au nombre de 662. Dès lors juſques à la fin de la vie, elles ont châcune leur ordre particulier de mortalité, & leur vie moyenne, & cet ordre eſt conſtamment à l'avantage des femmes mariées.

La page C de la table, préſente en ſept colonnes tout ce calcul raſſemblé. Au milieu, l'ordre de mortalité des filles & des femmes enſemble. A droite & à gauche ſous trois colonnes, la mortalité des filles d'un côté, celle des femmes de l'autre, priſe non-ſeulement telle que le régitre l'indique, mais auſſi telle que nous l'aurions, ſi l'on pouvoit ſéparer les deux claſſes dès la naiſſance; & outre cela, le nombre effectif de l'une & de l'autre claſſe, établi ſur les changemens combinés tant de la mort que du mariage.

Une remarque encore ſur la page C de cette même table. De 15 à 20 ans, & de 20 à 25, le nombre des femmes mortes ſur mille, n'eſt que la moitié de celui des filles, ſur le même nombre; & même ſi j'euſſe dreſſé ma table ſuivant les proportions de la campagne, la différence à l'avantage des femmes, ſeroit plus grande encore. Mais ſans prétendre affoiblir l'avantage réel, que mes recherches donnent à l'état du mariage, je dois cependant faire obſerver, que le peu de mortalité des femmes dans les prémiéres années, ne tire pas abſolument à conſéquence; parce que la claſſe des femmes dans la jeuneſſe, au commencement de leur mariage, eſt compoſée de perſonnes choiſies, & pour l'ordinaire d'une bonne conſtitution: au lieu que la claſſe des filles demeure chargée de toutes celles qui ſont d'un tempérament plus foible: ce qui pourtant n'empêche pas, que toutes compenſations faites, les femmes mariées n'ayent ſur les filles un avantage très ſenſible, qui paroîtroit plus grand encore, en établiſſant les proportions ſur les mariages de la campagne.

Les mois qui donnent plus de morts, ont aussi plus de batêmes.

Je dirai aussi un mot sur lès casualités des mois, tant pour les batêmes que pour les morts. La providence se montre par-tout; & il est à observer, que les mois qui donnent le plus de morts, sont précisément ceux qui donnent aussi le plus de batêmes. Quelle peut en être la raison physique? J'avois d'abord soupçonné, que la même salubrité de certains mois de l'année, qui fait que la mortalité est moins grande, pouvoit aussi procurer plus de conceptions; ensorte que la population plus considérable dans les mois les plus malsains, devroit être imputée à la salubrité de la saison, qui précédoit de neuf mois; mais j'ai été dérouté dans ma conjecture, en voyant que les faits n'y répondoient pas exactement.

On pourroit penser aussi, que c'est précisément le nombre des naissances, plus grand dans les mois féconds, qui occasionne dans ces mêmes mois une plus grande mortalité, par le grand nombre de petits enfans, qui meurent les prémiers jours de leur vie. Mais cette raison ne satisfait point encore: le mois le plus fécond donne tout au plus une augmentation d'un tiers sur les naissances, & comme il ne meurt dans le prémier mois de la vie, que la neuviéme partie, tout au plus, des enfans qui naissent; ce tiers d'augmentation sur les naissances, ne peut jamais faire sur le nombre des morts, une plus grande augmentation que d'une vingt-quatriéme : or l'expérience fait voir, que la mortalité de certains mois va presque au double.

Il n'est pas impossible qu'il y ait de ce fait, quelque raison physique, mais elle m'est inconnue; en attendant que nous la découvrions, contentons-nous de celle-ci, c'est qu'il semble, que pour reparer les pertes du genre humain dans la saison mal-saine, Dieu a voulu en compensation, donner à cette même saison, l'avantage de fructifier avec plus d'abondance.

J'ai dressé la table XX; dont la prémiére page présente les casualités des batêmes pour chaque mois de l'année, à Vevey & à Londres. La seconde page présente les casualités des morts, à Vevey & dans quatre autres lieux. Tout est calculé sur le nombre de mille, que la table des batêmes nous présente à double, savoir dans la proportion sur mille batêmes, & dans la proportion sur mille morts.

En voilà bien assez, peut-être trop, sur des questions curieuses qui n'ont fait qu'amuser le lecteur, ou peut-être que l'ennuyer. Hâtons-nous de reprendre le fil de notre mémoire, & recherchons les causes de notre dépeuplement, pour ensuite indiquer les remédes.

ARTICLE IV.

Emigration, cause principale de la dépopulation.

La principale cause de la dépopulation du pays, pour ne pas dire l'unique cause, c'est l'émigration. Il en est sans doute, une infinité d'autres qui nous nuisent beaucoup, mais qui ne sont à parler exactement, que des causes d'une moindre population; puisque nonobstant tous les empêchemens, qui retardent les progrès de notre population, les batêmes surpassent toujours le nombre des morts, ensorte que si la balance d'entrée & de sortie étoit égale quant à l'émigration, l'excédent des batêmes seroit suffisant pour doubler la population du pays, dans l'espace d'environ 120 ans. C'est ce que j'ai déja dit & calculé page 24, & la table III. sur laquelle le lecteur est prié de jetter les yeux, lui fournira la preuve de cet allégué, par un calcul établi pour tout le pays de Vaud en général, & pour chaque Balliage en particulier.

Outre l'émigration, plusieurs causes empêchent les progrès de notre population.

Cependant quoiqu'il y ait, par la comparaison des régîtres baptistaires & mortuaires, même dans l'état actuel des choses, (l'expatriation toutefois exceptée,) un excédent assez considérable, & une ressource assurée pour la répopulation du pays, il s'en faut beaucoup, que le pays ne mette à profit tous ses avantages. Combien d'obstacles qui diminuent en plusieurs maniéres notre population, qui en retardent les progrès, qui empêchent qu'elle ne soit, & aussi nombreuse & aussi prompte, qu'elle pourroit & qu'elle devroit être.

En effet, tous ceux qui devroient fournir leur contingent à la population, ne s'acquittent pas de cette dette : nous avons des célibataires. Tous ceux qui se marient, n'entrent pas dans cet état, lorsqu'ils y seroient appellés par le vœu de la nature : plusieurs se mettent en devoir d'être peres, qui sont en âge de prendre les invalides. Tous ceux qui vivent dans le mariage, n'en remplissent pas fidélement les obligations : nos familles moins nombreuses que celles de nos peres, en fournissent la triste preuve.

Et si d'un autre côté, les petits enfans malsoignés périssent en plus grand nombre : si les épidémies font des ravages, qu'une bonne police auroit considérablement diminués : si plusieurs se ruïnent par leurs débauches, vieillissent avant le tems, & engendrent par leur faute, des enfans mal-sains, chargés des iniquités de leurs parens. Abus moins grands peut-être dans ce pays qu'en plusieurs autres; mais il y auroit pourtant à reformer, & il n'est pas douteux, qu'une pareille reforme n'augmentât

tât très considérablement l'excédent des batêmes sur les morts.

Cet excédent tel qu'il est, ne laisseroit pas que de remplir à la longue, les vuides de notre population, & quelques générations suffiroient pour la mettre sur un très bon pied; mais cette ressource ne suffit pas pour reparer le mal de l'émigration, qui seule est capable de reduire le pays à néant, si l'on néglige d'y apporter incessament du remède. Ce n'est point ici une vaine déclamation, c'est une affaire de calcul, dont il n'est pas difficile de donner la preuve.

En dix ans, sur la totalité du pays de Vaud, je trouve que l'excédent des batêmes sur les morts est de 6518, desquels suivant la proportion ordinaire des deux sexes, il doit y avoir 3338 mâles, 3180 femelles. Mais de tout cet excédent, il ne restera à l'âge de vingt ans, que 1923 mâles & 2033 femelles; il s'agit de savoir si ce nombre de 1923 mâles, est une pépiniére suffisante, pour remplacer les hommes que nous perdons par les deux branches d'émigration, la militaire & la commerçante.

Calcul de l'émigration militaire.

L'émigration militaire dans tout le pays de Vaud, suivant l'indication fournie par Messieurs les Pasteurs, monte pour dix ans à 1808 dont il est rentré 783, par conséquent il y a un vuide de 1025 qui sont absolument perdus. Mais il faut obſerver que ceux qui ſont rentrés, ne ſont pas à leur retour, tels qu'ils étoient lorſqu'ils ſont partis. Et ſans mettre en ligne de compte, le goût de fainéantiſe qu'ils ont preſque tous contracté, les infirmités & les maladies dont ils reviennent chargés, & qu'ils tranſmettent ſouvent à leurs enfans; on ne peut pas diſconvenir, que cinq ou ſix années paſſées dans le ſervice, ne ſoient une perte réelle pour la population, d'autant plus que ces années d'abſence, tombent ſur le tems de la jeuneſſe le plus précieux de la vie, & le plus propre à la génération. Car quoiqu'il n'y ait pas un âge déterminé, auquel les hommes perdent la faculté d'engendrer, il n'en eſt pas moins vrai, que la probabilité eſt beaucoup plus grande pour un jeune homme, & le moins qu'on puiſſe m'accorder, c'eſt que nos militaires revenus du ſervice, ont perdu par leur abſence, en laiſſant écouler le tems auquel ils auroient pu ſe marier, & d'une maniére utile pour la population, le tiers des enfans que probablement ils auroient eu.

Suivant cette ſuppoſition que j'eſtime très modérée, il faudra aux 1025. qui ſont abſolument perdus, ajouter le tiers des 783 qui ſont rentrés; & ainſi la perte qui nous arrive par l'émigration militaire, ſe trouve de 1286 hommes en dix ans, c'eſt plus des deux tiers de l'excédent de notre population; & le tiers qui nous reſte ſur l'excédent ſeulement, qui n'eſt par conséquent que la quinziéme partie (a) des enfans qui naissent, n'est peut-être qu'une compensation à la vérité un peu ample, de ce que le service ne nous ôte que des hommes choisis, les plus forts, les plus vigoureux, les plus propres à tous les travaux & à la génération; tandis qu'il nous reste inutilement, les foibles, les étiques, les estropiés, les imbécilles. Je concluds donc, que tant que les choses demeureront sur le même pied à cet égard, l'expatriation militaire exclud toute possibilité de repeupler le païs.

Les calculateurs politiques s'accordent tous à établir, qu'un païs ne peut pas sans ruiner sa population, entretenir sur pied plus d'un soldat sur cent ames. J'ignore de combien nous excédons cette proportion, mais il saute aux yeux, qu'en rassemblant tous les soldats que nous avons dans les divers services, avoués ou non avoués; il n'est point de nation, qui doive être plus épuisée que la nôtre par le service militaire. (b) S'ils ne sont pas entrete-

(a) Les batêmes en dix ans sont au nombre de 31556. l'excédent 6518. dont le tiers 2173 fait environ la quinziéme partie.

(b) Cette année, quoiqu'en pleine paix, les enrollémens ont porté un préjudice considérable à la culture des terres, dans le Balliage de *Vevey*. Toute la plus belle jeunesse enlevée à Montreux, est survenue là dessus une maladie épidémique, des morts, des malades, des convalescens en grand nombre; les ouvriers si rares qu'on n'en a pu avoir suffisamment pour au

nus des coffres de l'Etat, ils le ſont toujours aux dépens de notre population, & d'une maniére d'autant plus ruïneuſe, que nos troupes, ſoit à cauſe de leur bravoure reconnuë, ſoit en qualité de troupes étrangéres, ſont toujours plus expoſées que les autres.

Calcul de l'émigration commerçante.

Faiſons auſſi le calcul de l'émigration commerçante. D'abord j'obſerve, qu'une partie de celle-ci doit être miſe ſur le compte du militaire. Un ſoldat qui revient au païs après avoir ſervi huit ou dix ans, ne ſait plus à quoi ſe vouer. Déſacoutumé du travail, il ne peut plus fouïr la terre, ni apprendre aucune profeſſion. Cependant il n'a pas des revenus pour vivre dans l'oiſiveté, il ſort du païs pour ſervir en qualité de domeſtique, parce qu'il n'eſt plus propre à la vie de cultivateur.

Je n'établis aucun raiſonnement ni calcul ſur l'émigration des femmes: celle-ci ne nuit pas beaucoup à la population, tant qu'il en reſte aſſez au païs, pour que les hommes trouvent à ſe marier; or nous n'avons pas été juſques à préſent, dans le cas d'enlever les filles de nos voiſins. Il eſt vrai, que l'émigration du ſexe eſt plus conſidérable dans les Ballia-

cun prix: les journées de femmes juſques à 7 batz; celles d'homme 10 batz, qui font trente ſols de France, & demi pot de vin.

ges voisines de Genève, elle surpasse même de quelque chose dans ces quartiers là, l'expatriation des hommes; mais quand il y auroit quelque vuide pour le nombre des femmes, le mal seroit peu de chose, parce que les hommes de ce district trouveroient facilement à se pourvoir dans le reste du pays, où les femmes sont en plus grand nombre.

Mais j'y trouve un inconvénient plus considérable, sur-tout si le mal alloit en empirant; c'est que dans ces balliages, presque toutes les filles, étant des personnes revenuës au pays, après avoir passé la fleur de leur jeunesse à Genève, il seroit fort à craindre pour ce district là, que les mariages se contractant dans un âge plus avancé qu'ailleurs, la population n'en souffrît beaucoup.

A divers égards sans doute, l'expatriation commerçante est moins funeste au pays que l'expatriation militaire; mais elle ne laisse pas que d'être un grand mal, par le nombre très considérable de sujets qu'elle nous enléve, & de sujets nécessaires à notre population. Il est parti en dix ans pour l'étranger, suivant l'indication de Messieurs les Pasteurs, 1943 hommes: il en est rentré 342, par conséquent 1601 de vuide effectif. Ajoutez-y 114 pour le tiers supposé perdu des 342 rentrés, eu égard au tems de leur absence, nous aurons 1715 ce qui fait à une neuviéme près, quant à l'espèce mâle, tout l'excédent des batêmes sur les morts.

Calcul combiné des deux émigrations.

Réunissant maintenant les deux calculs, je dis que le militaire nous ayant fait perdre en dix ans 1286 hommes, & l'autre émigration 1715. c'est en tout 3001. Mais l'excédent total des batêmes n'étant que de 6518. dont 3338 mâles, qui se réduisent à 1923 en les amenant à l'âge de vingt ans, nous avons de vuide suivant ce calcul, le nombre considérable de 1078. tous mâles & hommes faits.

Or s'il nous faut 6518 batêmes pour avoir 1923 hommes âgés de vingt ans, il faudra 3654 batêmes pour remplacer ces 1078 hommes perdus par l'émigration, & comme ces 3654 batêmes en dix ans, font annuellement la trois cent neuviéme partie de tout le peuple, il est clair, que le pais au lieu de doubler sa population, comme il feroit dans l'espace de 120 ans, si l'émigration n'y apportoit point d'obstacle, il doit au contraire, se trouver reduit à la moitié en 214 ans.

Il y a, j'en conviens, quelque déduction à faire; à raison des nouveaux colons, qui doivent entrer dans la balance de la population, comme on fait entrer les émigrans dans la balance de la dépopulation. Je ne sais si le nombre en est considérable, mais je sais qu'on feroit une grande erreur, si l'on comptoit pour nouveaux colons, tous ceux qui sont indiqués comme tels, dans les tabelles du dénombrement.

A la page intitulée, *nouveaux habitans reçus, dans les dix dernières années*, les rubriques des colonnes portent, *Bourgeois*, *Non-Bourgeois du canton*, *&* *de l'Etranger*. Il n'y a que les derniers seuls qui soient nouveaux colons, & même pas tous; car il s'en trouve plusieurs, qui étoient déja au pays depuis longues années, quelques-uns dont le pere & le grand-pere y étoient déja, mais qui n'ont été reçus, que depuis peu à l'habitation.

Et quant aux deux autres classes d'habitans nouvellement reçus, qu'importe à la population du pays, quand un homme d'Oron, est reçus bourgeois ou habitant, à Lausanne ou à Vevey? ce n'est pas un sujet gagné, ce n'est qu'un sujet transplanté, je dirois volontiers un sujet perdu, car on peut regarder comme tel, tout homme de campagne, dès qu'il a le malheur de mettre le pied dans une ville. Ni lui, ni sa postérité ne retourneront plus à la culture des terres; ses enfans seront de profession.

Messieurs ses petits fils voudront être grands négocians; le pays trop serré fournira trop peu d'alimens à leur ambition, ils iront dans l'étranger, chercher en vain un trésor qu'ils auroient trouvé, en fouillant & remuant avec soin le petit héritage de leurs peres.

Nouveaux colons ne font souvent qu'une population personnelle.

Je reviens à mes nouveaux colons. Quand nous en aurions la liste effective & bien exacte, il y auroit encore beaucoup à décompter sur le nombre. Les étrangers ne font le plus souvent qu'une population personnelle : ce sont des gens âgés qui se retirent dans un pays de liberté, pour y passer doucement leurs vieux jours. Mettre de tels colons en balance de population, contre ceux des nôtres qui s'expatrient, c'est compter des plantes de bois mort, pour autant d'arbres en force & portans fruit, qu'on auroit coupés dans un verger.

Et peu solide.

J'ajouterai que c'est encore une question, que j'envisage tout au moins comme problématique, savoir, si les nouveaux colons dans un pays tel que le nôtre peuvent faire une population bien solide. Nos villes du pays de Vaud quoique petites, sont pourtant des goufres qui engloutissent la campagne, sans lui renvoyer aucune sorte de population : ce sont pour ainsi dire des entrepôts d'émigration. *Or c'est dans les villes que se jettent tous les étrangers, & plus nos villes se peuplent, plus la campagne en souffre.*

Que nos familles se multiplient, qu'il n'y ait plus parmi nous de célibataires, que tous à l'envi, aient la louable ambition de donner des sujets à la patrie, ce sera le bien & la prospérité du pays; & si par ce moyen là, notre peuple pouvoit en 50 ans, voir augmenter sa population de 50 mille ames, cet accroissement répandu dans tout le pays, uniforme & proportionnel, nous vaudroit mieux que la conquête d'une province.

Mais si cet accroissement de population nous vient du dehors, & des nouveaux colons qui viendront s'établir chez nous, la proportion sera rompue: nos villes seront trop peuplées, les villages déserts: le petit nombre de cultivateurs attirés encore dans les villes, pour y être domestique & journaliers: les artisans trop multipliés à proportion du nombre de consomateurs, seront forcés de s'expatrier pour avoir du pain; vous ne ferez qu'échanger vos vieux colons contre des nouveaux, & cet échange ne se fait jamais à profit.

L'affluence des étrangers fait prospérer un Londres, un Amsterdam; mais nos petites villes sont dans un cas tout différent de ces grandes villes, situées près de la mer, où la classe des artisans & des marchands, peut se multiplier beaucoup, sans s'embarasser & sans se nuire. Quant à notre pays, j'estime que sa population, pour être établie sur un pied réellement avantageux, n'exige pas seulement un numéraire considérable; mais un juste asſortiment de toutes les claſſes qui compoſent notre population.

Ma penſée n'eſt pas, bien loin de-là, que nous devions fermer nos portes aux étrangers: toute la terre eſt le domaine de notre commun pere, & le domicile aſſigné à tous ſes enfans. Mais dans le choix des nouveaux colons, je voudrois qu'on donnât la préférence à ceux qui nous ſont réellement utiles, c'eſt-à-dire, à ceux qui viennent s'établir dans les campagnes, pour cultiver la terre: & je voudrois ſur-tout, qu'au lieu de trop compter ſur la reſſource incertaine, peut-être trompeuſe, d'une répopulation par de nouveaux colons, on s'efforçât de faire valoir les reſſources intérieures, que le phyſique du pays nous préſente.

Objection à ce ſujet. Réponſe.

J'ai mis en lettres italiques, un article de ce mémoire, que l'illuſtre ſociété m'a renvoyé ſous-ligné avec cette note, *propoſition qui n'eſt pas prouvée, propoſition ſelon nous, ſujette à de grandes exceptions.* Je dois m'expliquer, & tâcher s'il eſt poſſible, d'édifier ces Meſſieurs.

Nos peres répugnoient beaucoup à toute réception d'étrangers, & regardoient comme nuiſible une population trop nombreuſe. Il confondoient la population en elle même, avec la population accidentelle par la reception des étrangers.

L'expérience leur avoit appris, que souvent de nouveaux venus font une concurrence, qui porte préjudice aux anciens colons. De-là leurs préjugés contre tout accroissement de population ; de-là cette conséquence peu juste, que rien n'est plus avantageux à une ville ou à un peuple, que de resserrer ses priviléges, dans le cercle étroit d'une société peu nombreuse.

Ce système gothique est maintenant passé de mode, & nos politiques modernes voyent tous les objets, avec des lunettes à longue vuë. Tous les pays qui se sont enrichis, doivent l'accroissement de leur grandeur, à l'accroissement de leur population : leur prospérité a fait ouvrir les yeux, & l'on a compris enfin, qu'une nombreuse population faisoit la richesse & la force des Etats. On jette ensuite un coup d'œil, sur les pays qui ont accru leurs forces & leur population ; & l'on voit que c'est aux étrangers qu'ils ont reçus chez eux, que l'Angleterre, la Hollande, le Brandebourg, sont redevables de ces avantages : il semble que l'on est fondé à conclure, que les mêmes moyens doivent nous procurer les mêmes avantages.

Je ne suis pas surpris, que l'on tire une conséquence, que j'ai moi-même tirée très long-tems, sans reserve ni restriction aucune ; & je sens fort-bien, que c'est se présenter avec un air de paradoxe, que de reconnoître d'un côté, l'avantage réel d'une nombreuse population, & en même tems, de mettre en question, s'il peut y avoir chez nous par l'établissement des étrangers, un accroissement réel & effectif de population.

Persuadé, comme je le serai toujours, de la grande utilité d'une nombreuse population, je croyois dicté par l'intérêt particulier, & par une basse jalousie, tout ce qu'on allégue communément dans nos petites villes, contre la réception des bourgeois & des habitans: j'aurois voulu pouvoir retourner en arriére, retenir dans le pays tous les refugiés du siécle passé, & leur offrir gratuitement à tous la bourgeoise de nos villes : je roulois dans mon esprit, divers projets pour reparer la faute de nos peres: j'aurois volontiers ouvert un azyle aux Juifs, que j'aurois voulu associer à tous nos priviléges, jusqu'à les admettre aux emplois. Mon zéle pour la population ne respectoit aucune de nos anciennes constitutions: ce zéle ne s'est point ralenti; mais de longues recherches m'ont rendu plus circonspect sur les moyens. Je désire plus que jamais la répopulation du pays, mais le seul moyen que je crois efficace, pour parvenir à un but si salutaire c'est de faire valoir nos ressources intérieures.

Placé depuis longues années dans une ville, qui de tout tems ouvrit ses portes à tout le monde, qui depuis 150 ans a incorporé dans sa bourgeoisie plus de 500 familles, sans parler des habitans reçus en très grand nombre, j'avois regret que toutes les villes ne suivissent pas le même système, qui me sembloit devoir rendre notre population plus nombreuse, & la prospérité du pays plus florissante.

Mais quelle ne fut point ma surprise, lorsque parcourant les anciens régîtres, je remarquai que non seulement Vevey n'avoit point augmenté le numéraire de sa population, mais que l'ancienne bourgeoisie, qui sans doute s'étoit promise beaucoup d'avantages, de ces réceptions continuelles de bourgeois, étoit pour ainsi dire, reduite à néant. Phénoméne d'autant plus frappant pour moi, que les autres villes du pays, & les paroisses voisines, ont toutes conservé un beaucoup plus grand nombre de leurs anciens habitans, comme je m'en suis assuré par l'examen des vieux régîtres de douze à quinze paroisses.

Il est à propos de mettre sous les yeux du lecteur, les faits justificatifs. Vevey en 1613 au sortir d'une peste, qui venoit de lui enlever plus de quinze cens ames, avoit encore assez de peuple, pour donner annuellement plus de cent batêmes : il s'en faut bien que nous n'approchions aujourd'hui de ce nombre. La seule bourgeoisie indépendamment des autres habitans, donnoit 67 batêmes par an, & par conséquent, elle devoit faire un corps de 2500 ames tout au moins ; mais il ne reste à Vevey de ces anciennes familles que 291 têtes : les noms d'autrefois sont presque tous éteints, & n'existent plus, ni dans Vevey, ni dans le reste du pays, ni dans l'étranger. Qui plus est, cette bourgeoisie sans cesse recrutée, est actuellement moins nombreuse que la vieille bourgeoisie, puisqu'elle ne donne aujourd'hui que 34 batêmes par an; & ce qu'il y a de singulier, c'est que les familles qui composent la masse totale de la bourgeoisie, sont en nombre inférieur à celui des familles reçues pendant les 150 ans.

Cette triste découverte me fit faire bien des réflexions. Quoi! disois-je, toutes les autres villes & communautés, qui ont eu plus ou moins cet esprit de rétrécissement qu'on nous reproche, voyent subsister beaucoup de leurs anciens familles; & Vevey la seule ville du pays de Vaud, qui s'est de bonne heure affranchise du préjugé, a vu éteindre ses anciennes familles, & sa population aller en décadence. Il me vint le soupçon, que peut-être cette nombreuse réception de nouveaux colons, ne convenoit pas à la position de ce pays, & qu'elle se combinoit mal avec nos constitutions, & les droits gênans de nos bourgeoisies.

Je ne suis pas assez mauvais logicien pour faire ce raisonnement; une ville a reçu des bourgeois en grand nombre, cependant cette ville a perdu beaucoup de sa population, & vu éteindre ses anciennes familles: donc une ville se dépeuple par la réception des nouveaux colons.

Mais voici un autre raisonnement, qui ne pèche point contre les régles de la logique, quoiqu'il n'ait pas, je l'avouë, toute l'évidence possible de la démonstration. Vevey est de tout le pays, la ville qui a reçu des bourgeois en plus grand nombre : cependant Vevey s'est dépeuplée, autant & plus qu'aucun autre lieu, & l'ancienne bourgeoisie qui se promettoit de grands avantages de ces nombreuses réceptions, n'existe plus aujourd'hui : Révolution singuliére ! Révolution unique, & qui n'est arrivée que dans cette seule ville. Donc il n'est pas bien sûr que les nouveaux colons fassent la prospérité de ceux qui les reçoivent, & qui les associent à leurs priviléges ; & la chose mérite tout au moins un examen ultérieur. (*)

Mais comment se peut-il, que ce qui peuple les autres pays, cause chez nous la dépopulation ? Quel paradoxe ! & bien loin qu'on doive attribuer l'extinction des anciennes

(*) Nous sommes fort éloignés d'adopter les conclusions de l'auteur sur cette matiére, non seulement elles ne nous paroissent pas évidentes ; mais nous sentons combien, en les étendant un peu, on pourroit en abuser en faveur de ce systême exclusif reçu dans la plupart des communautés. Nous prions le lecteur de confronter avec ces réflexions de l'auteur, celles qui se trouvent déja dans divers passages de ce recueil, ou qui paroitront encore sur cette importante matiére. *Note de la Soc. de Berne.*

familles de Vevey, & la décadence de ſa population, au trop grand nombre de bourgeois reçus, il ſemble plus naturel de penſer, que ce font ces aſſociations multipliées qui ont maintenu ſa population, & que ſans elles, la ville ſeroit réduite à néant.

Quand je dis, qu'une ville peut ſe dépeupler par une reception trop nombreuſe de nouveaux colons, c'eſt toujours dans la ſuppoſition que la campagne n'en reçoit point, ou qu'elle n'en reçoit pas dans une juſte proportion. Nos villes du pays de Vaud font à peu près la cinquiéme partie de tout le peuple; mais cette cinquiéme partie eſt nourrie en plus d'une maniére par les quatre autres. C'eſt la campagne qui nourrit les villes, à qui elle fournit les denrées néceſſaires à la vie: c'eſt elle encore qui nourrit les villes, & qui fait vivre les bourgeois des villes, qui vendent leur induſtrie à tout le peuple des environs.

Dans quel cas les nouveaux colons font un accroiſſement réel de population.

Qu'il vienne donc à Vevey en 50 ans, 500 familles étrangéres, dont 400 ſoient gens de campagne, qui ſe répandent dans les villages voiſins, les cent autres gens de ville, qui s'établiſſent à Vevey; ce ſera un accroiſſement de population, réel & profitable, pour le païs en général, & ſinguliérement pour Vevey

Vevey & ſon diſtrict, parceque les différentes claſſes conſerveront toujours leur juſte proportion.

Mais qu'il nous vienne ce même nombre de familles, qui au lieu de ſe répandre dans le pays, fixent toutes leur domicile dans la ville, ce ſeront pour la plupart des artiſans ou des gens de commerce, qui partageront l'induſtrie des bourgeois du lieu, ſans augmenter en proportion, les reſſources de la ville, ni la conſommation de la main d'œuvre. Ce ſera donc la ruïne infaillible de pluſieurs des vieux habitans; & la campagne même ne pourra que ſouffrir beaucoup, par la quantité de cultivateurs, que le funeſte accroiſſement de la ville y attirera en plus grand nombre, pour y ſervir en qualité de domeſtiques ou de manœuvres. (*a*)

Pour rendre ceci plus ſenſible, qu'il me ſoit permis de faire une ſuppoſition, dans laquelle je porterai les choſes à l'extrême. Je ſuppoſerai donc notre pays de Vaud dans une po-

(*a*) Voyez la table XIV on y voit la population de Vevey reduite à 3350 ames, quoiqu'elle fût certainement plus peuplée dans les tems anciens; les triſtes débris de la vielle bourgeoiſie reduits à 291 têtes, tout le reſte de ſa population, en plus grande partie aux dépens de la campagne, qui à ſon grand préjudice fournit à la population de Vevey, ſans qu'il y ait pour la ville, une augmentation réelle & effective.

ſition ſi défavorable, qu'il ſoit du tout impoſſible d'en augmenter l'exportation : Vevey cependant avec le nombre actuel de ſes habitans; un petit nombre de cultivateurs pour les fonds de ſon diſtrict, des artiſans autant qu'il en faut, pour les beſoins de la ville & du voiſinage: un commerce de détail ſuffiſant pour la commodité du lieu-même; & en outre, quelque peu de commerce extérieur. Si dans cette poſition, venoient à Vevey ſucceſſivement un peuple d'artiſans de toute eſpece, & toujours reçus ſans difficulté, il eſt inconteſtable que bientôt ils ſe multiplieroient au point de ne pouvoir plus ſubſiſter; ils ſe mangeroient pour ainſi dire les uns les autres; & de néceſſité il faudroit, ou que les anciens colons fiſſent place aux nouveaux, & qu'ils allaſſent chercher fortune dans l'étranger, ou qu'ils mouruſſent à l'hôpital.

Maintenant pour ramener au vrai, la ſuppoſition outrée que nous venons de faire, je conviens qu'abſolument parlant, il n'eſt pas impoſſible d'augmenter chez nous l'exportation; mais on m'avouera auſſi que cette exportation ne ſera jamais pour nous, auſſi facile que pour un Amſterdam, pour un Londres. Et il ne s'enſuit pas, de ce qu'une de ces villes peut ſans inconvénient, multiplier pour ainſi dire à l'infini ſes artiſans, dont le travail s'exporte par mer juſques aux extrêmités de la terre, que nos villes du pays, éloignées de la mer & des riviéres navigeables, puiſſent faire ſubſiſter auſſi tous les artiſans qui viendroient s'y établir.

D'abord combien de profeſſions, qui ne peuvent rien exporter, ou preſque rien. Le boulanger, le boucher, le charpentier, le marchand de petit détail, le barbier, le ramoneur de cheminées, & quantité d'autres. S'ils manquent d'ouvrage dans le lieu, ils ne peuvent point exporter leur travail, ils ne peuvent que s'exporter eux-mêmes. Et de preſque toutes les profeſſions, ſi l'on en excepte l'horlogerie, & quelque peu de commerce extérieur, l'exportation eſt ſi difficile, que la concurrence trop multipliée devient nuiſible, & en force toujours pluſieurs à céder la place.

Je conçois que c'eſt ainſi, que Vevey a vu périr ſes anciennes familles. La peſte ayant fait de grands vuides, on crut les reparer en recevant à force de nouveaux bourgeois, ſans conſidérer que ce même fléau, qui avoit enlevé le tiers ou la moitié des habitans de Vevey, avoit enlevé auſſi dans tous les environs, le tiers ou la moitié des pratiques, qui faiſoient ſubſiſter tous ces artiſans. Pour remplacer donc utilement les artiſans qui manquoient, il auroit fallu remplacer en même tems, le peuple nombreux qui les faiſoit vivre; ce qui n'étant pas arrivé, les ouvriers en trop grand nombre, ont vu diminuer leurs reſſources, & tarir leurs moyens de ſubſiſtance.

Je fais le même raisonnement sur cette multitude de bourgeois, successivement reçus jusques au nombre de plus de cinq cent. Il sembloit que c'étoient autant de familles gagnées, & ajoutées à la population de la ville; mais les deux tiers de ces nouveaux colons étant venus partager le travail & les ressources bornées des autres; ceux-ci voyant aller leurs établissemens en décadence, & ne pouvant pas en former d'autres avec liberté dans les villes du pays, où ils étoient reputés étrangers; plusieurs ont quitté le pays, sont morts en voyage, restés dans le célibat, & ainsi sont péries leurs races.

La position d'un pays tel que le nôtre éloigné de la mer, & dont les ressources sont bornées, demande sur toutes choses, un juste équilibre de population entre les villes & les campagnes. Si vos villes se peuplent beaucoup, la proportion est rompuë, elles se détruiront d'elles mêmes, mais ce ne sera pas sans avoir prémiérement dépeuplé & englouti la càmpagne; car d'un côté, les bourgeois des villes privés de leurs ressources par une trop grande concurrence, s'expatrient ou demeurent pauvres; & d'un autre côté, la jeunesse des villages quitte le travail pour servir au luxe des villes. Je concluds donc qu'il séroit digne de l'attention très sérieuse du gouvernement, de veiller à maintenir autant que possible, ce juste équilibre de population.

Ouvrons cependant nos portes aux colons étrangers, j'y consens; mais ce sera par un principe d'humanité, & nullement en vue de prétendus avantages, qui se trouvent contre-balancés par de grands inconvéniens. Le titre de citoyen du monde est chez moi un titre bien respectable; & j'aimerois que la distinction de nos bourgeoisies, ne fût qu'une distinction simplement économique, qui se bornât à jouir en commun de certains revenus, à régler la police du lieu, y être francs d'habitation, sans que personne fût gêné dans le choix de son domicile, ni dans la jouissance libre de ses fonds; mais nos constitutions ne sont pas telles, & dans l'état actuel des choses, il convient d'allier l'humanité avec la prudence.

J'ai parlé ci-devant de l'émigration, comme d'une cause de dépeuplement, qui demande le plus prompt remède; & quoique j'aye appuyé mes raisonnemens sur des calculs de la derniére précision, il se trouvera peut-être des gens, à qui ces raisonnemens paroîtront moins solides que spécieux; car, dira t-on, si le mal étoit si pressant, il y a long-tems que le pays seroit entiérement désert. J'ai senti l'objection, mais je réponds prémiérement, que la dépopulation du pays est bien constatée, & même une dépopulation assez considérable: je m'en rapporte aux preuves que j'en ai données dans le second article de ce mémoire. Je réponds encore, que vraisemblement l'émigration s'eſt augmentée de beaucoup, depuis environ 20 ou 30 ans.

En faiſant la ſupputation des batêmes de ce ſiécle, on a obſervé que la population du pays, après être allée en croiſſant, principalement depuis 1730 à 1740, étoit dès lors retombée. Si cela n'eſt pas abſolument général, la choſe eſt au moins très-ſenſible dans quelques balliages. (*a*) Ne ſeroit-ce point une indication de l'émigration redoublée depuis cette époque ?

Quant à l'émigration militaire, il n'eſt pas ſurprenant qu'elle ait augmenté depuis 20 à 30 ans. C'eſt ſi je ne me trompe, à peu près à cette datte, qu'on a avoué le régiment de Piémont : depuis quelques années, les gardes du Stathouder : le Roi de Pruſſe auſſi a mis ſes armées ſur un pied plus reſpectable, & beaucoup de nos gens ſe ſont jettés dans ce ſervice. Sans parler encore d'un régiment qui fut levé préciſément à cette époque, & qui n'a pas laiſſé que de nous coûter bien des hommes, quoiqu'il n'ait ſubſiſté qu'un petit nombre d'années.

L'émigration commerçante eſt aujourd'hui très conſidérable. Je ne dirai pas ce qu'elle étoit il y a vingt ans; mais ſans établir ſur

(*a*) Batêmes dans les Bailliages de Lauſanne, Vevey, Aigle, Rougemont, Oron, Moudon, Payerne, & Avenché, dès 1701 à 1710.
16369. 16981. 16777. 18258. 17177. 16720.

ce fait aucun calcul précis, il me ſemble, & c'eſt l'opinion générale, qu'elle va en augmentant. Pluſieurs cauſes peuvent y avoir contribué. A meſure que l'argent diminue de valeur, les fonds donnent un produit net moins conſidérable, en raiſon du prix capital, & des fraix de culture; & dès lors, la condition du propriétaire & du cultivateur en eſt moins gracieuſe, & la tentation de s'expatrier plus grande.

Il ſe peut auſſi, que l'écoulement du vin, devenu moins facile & moins avantageux, ait dégouté pluſieurs vignerons, qui auront cédé plus volontiers à la démangeaiſon de quitter le pays. Je paſſe légérement cet article, mais ce qui eſt bien certain, c'eſt que la plus légére atteinte à l'état du cultivateur & à ſon bien-être, eſt toujours de dangéreuſe conſéquence.

Cauſes diverſes d'une moindre population.

Outre l'émigration qui nous dépeuple, il y a dans ce pays, je l'ai déja dit, une infinité de choſes, qu'on peut regarder comme des cauſes d'une moindre population. Il ſeroit difficile d'en faire une énumération complette, plus difficile encore de les ranger dans un ordre méthodique. En général, le luxe, l'yvrognerie, le goût de la fainéantiſe, ſont de grands obſtacles aux progrès de nótre population; &

s'il y a d'autres articles qui méritent quelque attention, ils pourront trouver leur place, dans l'indication détaillée des remédes à ce mal.

Le luxe.

Le luxe à tous égards, eſt l'ennemi déclaré de la population. Il rend les mariages difficiles, il fait éteindre les familles diſtinguées, il affoiblit celles d'une condition médiocre, quelquefois même celles des payſans. Il attire le peuple de la campagne dans les villes, il augmente le nombre des domeſtiques, claſſe de célibataires, d'autant plus ruineuſe, qu'après avoir perdu le tems le plus propre à la population, ils ſe marient, & ſont remplacés par d'autres, qui perdront auſſi leur plus belle jeuneſſe, dans un genre de vie inutile à la population.

Je ne puis m'empêcher de m'étendre un peu, ſur cette branche de luxe qui regarde les domeſtiques. Le luxe des domeſtiques pris en deux ſens, a beaucoup augmenté dans ce pays, depuis le commencement, même depuis le milieu de ce ſiécle: luxe des maîtres, qui tiennent des domeſtiques inutiles & en trop grand nombre; luxe des domeſtiques eux-mêmes, qui s'habillant au deſſus de leur condition, forcent le luxe de toutes les autres.

Il n'y a pas encore ſi long-tems, que de bonnes maiſons bourgeoiſes ne gardoient qu'une ſeule ſervante, qui trouvoit dans la maison de son maître, une occupation suffisante. Les soins d'un jardin, d'une vache & d'un cochon, n'étoient rien de trop pour cette seule servante, encore trouvoit-elle bien des momens de loisir pour filer. Les choses sont établies à présent sur un pied tout différent. Il n'est plus question dans nos villes, de vache ni de cochon à nourrir, que chez les vignerons. Un jardin n'est que pour l'agrément, & le soin en est laissé à des journaliers, que l'on prend pour le soulagement des domestiques. Un honnête bourgeois veut avoir deux servantes, dont l'une semble n'être là, que pour témoigner que sa compagne ne fait rien. Les plus riches tiennent quatre, six, jusques à dix domestiques, au grand préjudice de la culture des terres, & de la population.

Détaillons un peu les maux qui résultent d'un pareil abus; car j'envisage le luxe des domestiques, comme la plus mauvaise chose qui ait pu s'introduire dans notre pays. Mr. le Pasteur Mochard dans son mémoire sur l'éducation du paysan, (*a*) remarque très judicieusement, que *le séjour du paysan en ville, contribue beaucoup à la décadence de son espèce:* tout ce qu'à observé ce digne & zélé patriote est exactement vrai, & se trouve conforme à ce que j'ai observé moi-même dans plusieurs villes du pays.

(*a*) Journal œconom. 1764. part. III. page 24. 25.

Un fille du payſan étoit naturellement deſtinée à épouſer un homme de campagne & à lui aider dans ſes travaux. Mais cinq ou ſix ans de ſéjour en ville, la rendent pour toujours impropre à cette vocation. Accoutumée à l'oiſiveté du ſervice domeſtique, & à une nourriture trop délicate, elie ſe trouve dans un autre élément, quand elle revient au village: ſon corps affoibli ne peut plus réſiſter aux fatigues de la campagne, encore moins peut-elle nourrir des enfans vigoureux, & propres à devenir de bons laboureurs. Heureuſement qu'elles ont elles-mêmes de la repugnance à retourner à la campagne, & que les bons cultivateurs ont aſſez de bon ſens, pour préférer de véritables payſannes à cette eſpéce d'amphibies. Elles ſe marient cependant tôt ou tard; mais rarement d'une maniére utile pour le bien du pays, & l'avantage de la population.

Ces payſannes Demoiſelles trouvent dans la ville, des payſans Meſſieurs qui leur font la cour; elles épouſent un valet de chambre de nos bonnes maiſons. C'eſt un mariage aſſorti au mieux; il n'y manque autre choſe que l'économie & le goût du travail. Mais que deviendra ce nouveau ménage? Retourner au village? Accoutumés comme ils le ſont, à une vie molle & inutile, ils conviennent tout auſſi peu à la campagne, que la campagne leur convient peu. De profeſſions, ils n'en ont point. Le mari ſe met à vendre du vin à pinte, ou il entreprend un commerce rompu: la femme se met à vendre du fruit, à blanchir du linge, à faire de maison en maison, la cuisiniére pour les grands repas. Voilà deux personnes, qui ont laissé la vie douce & l'abondance du village, pour venir dans la ville chercher la misére, qui trop souvent les conduit au crime.

Il arrive aussi, qu'après vingt ans de service, une servante se trouve avoir quelques épargnes. Elle passe pour un bon parti; les beaux yeux de sa cassette donnent dans la visiére d'un jeune artisan yvrogne, débauché, qui vient lui en conter. La vieille servante se met l'amour en tête, le jeune homme lui plait, le mariage est d'abord conclu. Elle commence par livrer son argent, qui est bientôt dissipé: ensuite vient le repentir, le mari réproche à sa femme ses années; celle-ci lui reproche son yvrognerie, & son peu de conduite. Il gémissent, ils déplorent leur malheureux sort, & c'est le seul point sur lequel ils sont d'accord. Le jeune homme s'engage au prémier enrolleur, & c'est après tout, ce qu'il avoit de mieux à faire. On pourroit citer cent exemples de mariages ainsi assortis; cent exemples de servantes, qui à quarante ans ont acheté de tout leur avoir, un jeune homme de vingt cinq, & qui pleurent à loisir leur folie.

Je ne suis pas encore au bout, & ce qu'il y a peut-être de plus dangéreuse conséquence, c'eſt le luxe inſolent des domeſtiques, rélativement à leur condition. Leurs gages conſidérablement augmentés, les vins & épingles qui leur ſont aujourd'hui prodigués, l'argent des cartes, qu'on eſt en uſage de leur laiſſer dans pluſieurs villes du pays de Vaud, ces trois articles font une ſomme. Il y a telle ſervante, qui réuniſſant tous ſes avantages, gagne plus de cent francs par an. Quelle eſt la fille d'un honnête artiſan, qui en ait autant pour ſon entretien? & combien de filles de bourgeois très honorables, dont le pere n'eſt pas en ſituation de leur en donner autant.

Une ſervante demoiſelle s'équipe à proportion de ſon revenu. Beau linge, fines dentelles, ſouliers brodés, habits de ſoye, tabliers de mouſſeline, tabatiére en poche, boucles d'argent, que ſais-je encore? Elle va voir ſes parens; tout le village au ſortir de l'égliſe, ſe raſſemble à l'entour d'elle: la Dame du lieu la diſtingue, & lui fait bon accueil: les payſannes ſe tiennent bien honorées, d'en recevoir un ſigne de protection: tous s'imaginent que c'eſt le ſouverain bien de ſervir en ville. C'eſt déja l'ambition de toutes les jeunes filles, & s'il en eſt quelqu'une plus gentille que les autres, elle ne manque point de ſe recommander pour une condition.

Il en eſt de même, quand un valet Monſieur fait l'honneur à ſes parens, de les aller viſiter. Un habit propre, une veſte brodée, de beaux bas de ſoye, des boucles à brillans, un point d'Eſpagne à ſon chapeau, la montre en poche; à peine on le diſtingue du Seigneur du village: il fait l'important; chacun eſt ébloui par le faux brillant de ſa prétenduë fortune. Jeunes payſans, vous êtes pris à l'hameçon.

Ainſi ſe dépeuplent nos campagnes. Chaque année, des eſſains de jeunes filles tombent dans les villes. D'abord on les employe aux offices les plus vils, ou bien elles entrent en ſervice chez les artiſans, chez les bourgeois les moins notables. Bientôt elles ſe perfectionnent, & parvenuës enſuite au grade de femmes de chambre, il leur faut un plus grand théatre. Quelques-unes ſe placent dans les maiſons opulentes du pays; d'autres en plus grand nombre vont ſervir à Genève, ou paſſent dans les pays étrangers.

C'eſt la même marche pour les jeunes garçons qui viennent ſervir dans nos villes. Dès qu'ils ſe ſont un peu dégourdis, ils ambitionnent d'aller à la ſuite d'un Baron Allemand, ou d'un Seigneur Anglois; & pluſieurs ſans avoir de condition aſſurée, n'ont pas plutôt amaſſé quelques ſols, qu'ils partent pour l'Angleterre, voulant eſſayer la fortune, à laquelle ils ſe perſuadent preſque tous, que leurs grands talens doivent infailliblement les conduire.

Ce n'eſt pas ſeulement au village, que ſe fait ſentir une malheureuſe influence du luxe des domeſtiques, on n'en reſſent pas moins les effets dans les villes; c'eſt le luxe des domeſtiques qui force celui de toutes les conditions. Une fille d'artiſan ſemble autoriſée à vouloir être équippée un peu mieux qu'une ſervante : elle demande, elle inſiſte, elle ſe tourne & retourne de tant de façons, que ſon pere eſt obligé de céder, & qu'il fait l'impoſſible pour l'habiller ſelon ſes déſirs. Une fille de bon bourgeois, de conſeiller dans une de nos villes, croit être de cent piques au deſſus de cette fille d'artiſan. Son pere n'eſt pas riche, n'importe, il n'eſt pas poſſible qu'elle brille moins que telle & telle, qu'elle qualifie *de petites gens*; il faut abſolument qu'elle ſoutienne le rang de ſa condition. Ainſi le luxe des maîtres, eſt tout enſemble l'effet & la cauſe du luxe des domeſtiques, qui force celui des autres conditions, & ſur-tout celui de l'état mitoyen.

Parlerai-je d'un autre inconvénient, qui réſulte de cet uſage en lui-même ſi peu convenable, de payer les cartes en faveur des domeſtiques; c'eſt que toute maiſon où l'on ne joue que peu ou point, eſt obligée pour être bien ſervie, de ſe montrer ſur le ton des autres. Augmenter leurs gages à proportion, outre que ce ſeroit un impôt onéreux, pour les maiſons dont la fortune ne ſeroit que médiocre, les domeſtiques n'en ſeroient pas contens: une augmentation fixe ne feroit pas ſur eux, une impreſſion auſſi agréable que ces obventions journaliéres. Qui plus eſt, les maîtres par cet endroit-là, ſe trouvent dans une telle dépendance de leurs domeſtiques, que j'ai ouï dire à quelques-uns, qu'ils étoient forcés à faire pour leurs aſſemblées, de plus nombreuſes invitations à cauſe des domeſtiques, qui ſervoient la compagnie de mauvaiſe grace, quand ils ne voyoient pas un certain nombre de tables de jeu. Un luxe à tous égards auſſi nuiſible que le leur, auroit grand beſoin de reforme.

L'yvrognerie.

L'yvrognerie, on n'en ſauroit douter, eſt par bien des raiſons, le vrai tombeau de la population. D'abord elle eſt une ſource de miſére; or autant l'abondance fournit d'encouragemens pour entrer dans le mariage, autant la miſére en éloigne. Un jeune homme adonné au vin, aime mieux porter au cabaret tout le fruit de ſon travail, que d'avoir à fournir aux beſoins d'un nombreuſe famille. S'il entre en ménage, la miſére y entre auſſi, ou ſuivra de bien près. Les enfans périſſent manque de ſoins, ſouvent de nourriture; le pere ſe hâte de vivre, & ſe trouve avant la fleur de l'âge, arrivé à la vieilleſſe, ou fauché par une maladie violente, que ſa mauvaiſe conduite rend mortelle.

Malheureuſement tous mes tableaux ſont tirés d'après nature. L'yvrognerie dans pluſieurs de nos villes, eſt parvenuë à un point qui mérite toute l'attention du gouvernement. Car ſans parler de ces yvrognes de profeſſion, qui ſont l'opprobre de l'humanité, qui quittent entiérement le travail, & qui font pour ainſi dire, leur habitation, & leur demeure ordinaire au cabaret; je vois journellement preſque tous nos artiſans, qui y paſſent réguliérement pluſieurs heures, au grand détriment de leurs affaires. Qui plus eſt, j'eus la curioſité de parcourir un jour, le régître mortuaire d'une de nos villes, & de prendre en note, ceux dont la mort prématurée pouvoit être attribuée au vin; le nombre en étoit ſi conſidérable, que je ne crains pas d'aſſurer, que le vin tuë dans nos villes, autant d'hommes, & peut-être plus que la pleuréſie, que les fiévres, que les maladies les plus malignes.

La fainéantiſe.

La fainéantiſe d'un grand nombre de perſonnes, quoique notre peuple en général ſoit aſſez laborieux; la mendicité tolérée en divers lieux, héréditaire dans certaines familles, enviſagée même de quelques-uns, ſur le pied d'une profeſſion lucrative, nuit beaucoup à la proſpérité du pays, à l'agriculture, au travail, & par conſéquent auſſi à la population. On en a ſenti les conſéquences, & en pluſieurs endroits, l'on y a déja porté du remède.

L'éta-

L'établiſſement d'Yverdon, qui non ſeulement empêche la mendicité, mais qui porte aux cultivateurs dans les campagnes, les aumônes de la ville, eſt un établiſſement ſage & utile, dont les ſalutaires effets ſe font déja ſentir. Il s'en eſt auſſi formé un à Vevey, dont le plan n'a pas, à la vérité, la même étenduë. L'on s'eſt borné à prendre ſoin des pauvres, demeurans en ville; mais la mendicité eſt bannie, c'étoit le point eſſentiel, & au lieu de cette honteuſe vocation, à laquelle on deſtinoit quelquefois les enfans dès leur tendre jeuneſſe, les parens aſſiſtés par une direction qui a l'œil ſur leur conduite, les deſtinent à un honnête travail. En dernier lieu encore, il s'eſt formé à Moudon un établiſſement de la même nature, mais qui porte les aſſiſtances dans les villages. Que notre pays changeroit bientôt de face, ſi dans chaque ville, & dans chaque communauté, l'on ſe faiſoit une affaire bien ſérieuſe, d'encourager les pauvres à ſe donner au travail!

La formation des grands domaines.

Je ne dois pas omettre entre les cauſes de dépopulation, la formation des grands domaines. Il n'y a qu'une voix ſur cet article. Jamais un domaine de vaſte étenduë, ne produiſit autant que s'il étoit diviſé en pluſieurs parcelles; & quand les ſeigneurs, ou les riches particuliers ont tout acquis, le payſan qui ne tient plus à ſes fonds, n'a plus rien qui le retienne au pays.

Serreaux à la côte, étoit un village: inſenſiblement les ſeigneurs ont tout acquis, ce n'eſt à préſent qu'un grand domaine, avec droit de juriſdiction. La Robélaz paroiſſe de Wuarens, n'étoit qu'un ſimple domaine en fief noble. De bons payſans l'achetérent il y a quelques années, & l'on y compte aujourd'hui 8 feux, qui font 49 ames. Il me ſemble que la converſion des près à faucher en pâturages, eſt quelque choſe d'analogue à la formation des grands domaines: n'eſt-ce point là ce qui dépeuple nos Alpes?

La Louable Société ſoupçonnoit depuis longtems la dépopulation du pays; mais elle en vouloit les preuves. Je les ai fournies & calculées, j'ai fait voir que le mal eſt bien réel, qu'il eſt même conſidérable. Les cauſes de la dépopulation ne lui étoient pas inconnues: le mérite de ce mémoire n'eſt donc pas de les avoir indiquées; mais de les avoir appuyées ſur des faits, ſur des calculs, fruits de mes pénibles recherches. Il ne s'agit plus que d'indiquer les remédes, de montrer les ſources, & les vrais moyens d'une prompte répopulation.

Remédes.

Trois grands objets, ce me ſemble, doivent fixer l'attention du gouvernement. 1°. augmenter la population dans ſa ſource. 2°. conſerver les enfans qui nous naiſſent. 3°. retenir au pays les hommes que nous avons conſervés. Les moyens ſe préſentent en foule, & comme un même moyen porte quelquefois ſur plus d'un objet, nous ne traiterons pas ces trois articles ſéparément. Il eſt des moyens généraux, il en eſt de particuliers. Reprimez l'yvrognerie. Extirpez le luxe: Favoriſez les mariages. Rendez s'il eſt poſſible, le ſervice militaire moins ruïneux pour ce pays. Cherchez des moyens efficaces pour arrêter le cours des épidémies, & pour prévenir cette grande mortalité des petits enfans. Mettez en honneur le travail, & ſinguliérement l'agriculture: Repouſſez par de bons établiſſemens, les habitans des villes à la campagne. Ouvrez à votre peuple de nouvelles reſſources. Autant qu'il ſe peut, liberté entiére, point de gêne, point de violence. J'oublie peut-être bien des articles; mais on ne peut ni penſer à tout, ni dire tout ce qui vient dans la penſée.

Je commence par le phyſique, par les articles du moins qui tiennent au phyſique, je veux dire, la grande mortalité des petits enfans, & les ravages que les épidémies font de tems en tems parmi nous. En général, le phyſique eſt tel dans notre pays, qu'à cet égard nous n'avons rien à déſirer; & ſi le moral y répondoit, nous pourrions dès à préſent chanter victoire, & vous annoncer une prompte répopulation.

Je ne connois point de pays, & mes tables exactement calculées en fourniffent la preuve, où la vie des petits enfans foit plus affurée que dans celui-ci. Cet avantage viendroit-il uniquement du climat? Je ne voudrois pas ôter à notre peuple, une louange que je crois lui être dûë; des mœurs moins corrompuës, un meilleur fang, plus d'attention à foigner les enfans: je ne doute point, que ces caufes morales ne contribuent autant que la bonté du climat, à nous donner fur d'autres pays, cette fupériorité que nous avons bien certainement.

Mais n'y auroit-il pas moyen, de porter cette fupériorité plus loin encore? La prémiére année de la vie ne laiffe pas d'être bien critique, puifqu'elle emporte la cinquiéme partie des enfans, & que la mortalité eft plus grande encore pour l'efpéce mâle. D'un côté, nous manquons de bonnes fages-femmes, & d'un autre, on ne s'applique point affez à bien connoître les maladies des petits enfans, outre que le foin de leur guérifon eft confié très-fouvent à des femmes qui ordonnent les remédes au hazard. Une bonne police, de fages réglemens en fauveroient au moins quelques-uns, & quand on ne gagneroit que la fixiéme partie des enfans qui meurent dans la prémiére année de la vie, cet objet quoique petit, ne feroit nullement à méprifer,

Les épidémies font quelquefois de grands

ravages en divers endroits du pays. J'ai vu la petite vérole dépeupler d'enfans, les paroisses de Lutri & de Vilette ; les fiévres, la pleurésie, ou la dyssenterie, faire de grands ravages à Savigni, à Blonai, à Montreux. Il y a deux ou trois ans, que les paroisses de Château d'Oex, Rossiniére, & Létivaz, furent exactement décimées par une fiévre épidémique. Cette année encore, l'épidémie qui a régné non seulement dans ce pays, mais aussi chez tous nos voisins, a ruïné la population d'un grand nombre de paroisses. Il n'est pas douteux qu'il ne fût très possible, je ne dirai pas, de prévenir absolument toute épidémie ; mais d'en arrêter les progrès, & d'en diminuer considérablement les funestes effets.

Le peuple manque de médecins. Il ne s'en établit que dans les villes, parce qu'il n'y auroit rien à gagner pour eux dans les campagnes. Le paysan peu moyenné, sacrifiera plus volontiers une couple d'écus, pour sauver une vache qui lui en coûte vingt ; que d'employer ce même argent, pour se guérir lui-même, ou pour guérir sa femme ou ses enfans. A la vérité, quand une épidémie se manifeste, le souverain fait consulter, il envoye des médecins sur les lieux, il va même jusques à fournir gratuïtement aux pauvres, les remédes & les alimens. Soins véritablement paternels, qui méritent sans doute, toute notre reconnoissance, mais ils ne sont pas encore suffisans pour remplir le but désiré.

Il ſeroit à ſouhaiter, qu'il y eût dans le pays des établiſſemens fixes, pour entretenir de bons médecins dans les villages, pour fournir au payſan gratis, & en tous tems, les ſecours que ſa ſituation étroite ne lui permet pas toujours de ſe procurer ; & par-là, combien de peres de famille forts & vigoureux, qui ſeroient conſervés à leurs enfans ; combien de jeunes gens robuſtes, à qui l'on ſauveroit la vie? On n'ignore pas l'utilité de pareils établiſſemens ; mais les dépenſes qui ſeroient immenſes, ſont un obſtacle peut-être invincible : j'indiquerai donc des moyens moins coûteux, car on pourroit, ce me ſemble, remédier en bonne partie au grand mal des épidémies, ſans qu'il en coûtât autre choſe, que de faire de bons réglemens, & de tenir la main à leur exécution.

Une choſe en effet mérite d'être obſervée. Années communes, les morts ſont toujours proportionnellement en plus grand nombre, dans les villes que dans les villages. La raiſon en eſt, que le ſéjour des villes eſt néceſſairement mal-ſain ; on y eſt renfermé dans ſes maiſons comme dans des cachots ; & l'on n'y reſpire pas cet air ſalubre, qui réjouit, & qui ranime les habitans de la campagne. La ville eſt en quelque ſorte, un ſéjour étranger à l'homme, il s'y trouve hors de ſon élément.

Mais d'où vient que dans les années épidémiques, la mortalité ſuit une marche toute oppoſée, qu'elle eſt beaucoup plus conſidérable dans les villages que dans les villes? J'ai vu à Vevey, la petite vérole être générale dans toute la ville, des centaines d'enfans attaqués de cette maladie, & qu'à peine il en mouroit sept ou huit. La différence est sensible, quand on compare les régîtres mortuaires des villes avec ceux de la campagne. Dans les villes, la mortalité ne varie guéres que d'un quart ou d'un tiers, rarement de la moitié; tandis que la mortalité d'une année épidémique dans les villages, sera trois, quatre, cinq fois plus grande qu'à l'ordinaire.

Je me suis beaucoup appliqué à rechercher la cause de ce phénoméne. Je ne saurois croire que la présence des médecins dans les villes, puisse faire une aussi grande différence; d'autant plus que le commun peuple, qui fait toujours le plus grand nombre, les consulte assez peu: ils ne sont guéres appellés, que quand le mal est désespéré, ou du moins très avancé. J'attribuerois donc plutôt cette différence, à la différence des logemens.

Les pauvres gens en ville, habitent des maisons qui d'origine n'étoient pas faites pour eux: mais qui par vétusté, ne pouvant plus servir à loger des bourgeois aisés, servent aux gens du bas peuple. Je connois ces logemens: ce sont des chambres spacieuses; froides comme glace; des appartemens délabrés, où l'air joue en toute liberté; portes & fenêtres qui ne ferment qu'à demi. On plaint les habitans de ces maisons délabrées, & c'est là précisément ce qui fait leur santé, & qui facilite leur guérison, quand il régne des maladies.

Je connois aussi les logemens de nos paysans dans les villages. C'est précisément tout l'opposé. De petites chambres exactement fermées; des planchers bas; des guichets de fenêtres; un air étouffé; une chaleur insupportable; des odeurs à suffoquer. Deux heures de séjour dans ces étuves, suffiroient pour rendre malade une homme en santé; il n'en faut pas autant pour tuer un malade. C'est là selon moi, une des principales causes de ces grands ravages, que les épidémies font dans les villages beaucoup plus que dans les villes.

J'ajouterai que les paysans ont la malheureuse habitude, de se tenir en tous tems, couverts très-chaudement dans leurs lits, & surtout lorsqu'ils sont malades. Un poids énorme de plumes, qui doivent les faire étouffer. Joignons-y encore une grande mal-propreté. Dans une même chambre sont, deux ou trois lits à coucher; le linge sale suspendu au milieu de la chambre; & les provisions de bouche sur les tables, & sur les buffets. L'hyver dernier, visitant un malade au plus fort d'une fiévre putride, je fus étonné de voir placée directement sur le lit du malade, à deux ou trois pieds du lit, une planche sur laquelle étoient plusieurs miches de pain, qui sembloient y avoir été mises tout exprès, pour tirer tout le venin de la maladie, & empoiſonner le reſte de la maiſon. Il y auroit en bonne police, diverſes précautions à prendre ſur tous ces articles.

Si la police redoubloit ſa vigilance, pour empêcher les brigandages exercés impunément par des empyriques, par des (*a*) téméraires qui s'ingérent dans la médecine ſans autre vocation que leur orgueil & leur avidité; qu'on eût ſoin de tenir les ruës plus nettes dans les villages; qu'on ne permît point ces fumiers, placés directement ſous les fenêtres des chambres baſſes où le payſan loge, qu'on s'efforçât de lui perſuader, de ſe loger moins à l'étroit, & moins au chaud; je ne doute nullement, qu'on ne vînt à bout de diminuer beaucoup, & peut-être de la moitié, la mortalité occaſionnée par les maladies épidémiques.

Mais le moral quant à la population, n'eſt pas à beaucoup près ſur un auſſi bon pied que le phyſique. Il y a bien des abus, bien des choſes nuiſibles à la population du pays, & qui auroient grand beſoin de reforme.

Reprimez l'yvrognerie. C'eſt un article important, & l'un des plus grands obſtacles à la proſpérité du pays, & à la population. La choſe n'eſt pas ſans difficultés, j'en conviens; mais on peut beaucoup, quand on veut bien ſérieuſement. Que les cabarets ne ſoient ou-

(*a*) Depuis peu eſt émané un édit contre de tels aſſaſſins: s'il eſt exactement obſervé, on ne peut que s'en promettre de grands avantages.

verts aux gens du lieu, que les jours de marché, & le Dimanche après tous les exercices réligieux, jusques à neuf heures du soir. C'est tout ce qu'il en faut, pour procurer aux gens de travail, une récréation honnête, & un délassement suffisant. Tous les autres jours, qui voudroit du vin, le feroit prendre en bouteilles; l'yvrognerie diminueroit par-là de plus de la moitié.

Mais que ferions-nous du vin? c'est au fond notre principal revenu. 1°. Ces mêmes artisans qui le boivent sans mesure, devenus plus réglés & plus laborieux, en boiroient à leurs repas en famille, & la consommation ne diminueroit pas autant qu'on se l'imagine. 2°. Le vin étant à plus bas prix, auroit plus d'écoulement hors du pays, & nous en ferions plus d'argent. (a) Nos vins sont chers, mais à qui les vendons-nous? à nos compatriotes, à nos ouvriers, qui nous vendent aussi plus chérement leur travail, & de qui nous sommes forcés de payer la fainéantise & la dissolution. 3°. Au pis aller, si la culture des vignes devenoit moins avantageuse, on en convertiroit une partie en champs & en près, & la production utile de ces nouveaux près & champs

(a) On sent bien que ceci n'est vrai, qu'à prendre la totalité du pays, où il entreroit plus d'argent par la vente du vin dans l'étranger, quoiqu'à un prix plus bas. Mais cette proposition n'est pas vraie, rélativement à l'intérêt particulier de châque propriétaire.

ſubſtituée à un ſuperflu de recolte ſi mal employé, ſeroit pour le pays, un profit clair & réel.

Extirpez le luxe. C'eſt un arbre qu'il ſeroit inutile de vouloir émonder, il faut le couper dès la racine. Les mandats de reforme n'y font rien; ils ne changent que l'objet du luxe, qui ſe replie toujours, & qui reparoît bientôt ſous une nouvelle forme. Je voudrois qu'on trouvât quelque moyen de rendre le luxe moins néceſſaire à notre bonheur; & au fond, tout ne conſiſte-t'il pas dans l'opinion? Des murailles propres ne valent guéres moins qu'une tapiſſerie, & des chaiſes de paille ſont préférables en été, aux demi-fauteuils garnis de velours. La paſſion du luxe n'eſt après tout, que la paſſion de briller plus que ſes égaux, & ſur-tout de ne pas briller moins qu'eux; ſi donc vous faites enſorte que la nation entiére ſoit obligée de ſe paſſer du luxe, tous ſeront heureux ſans luxe.

Un moyen qui me ſembleroit très efficace, & d'autant plus convenable qu'il favoriſeroit plus directement la population, ſeroit d'exclure de tous emplois les hommes non-mariés; de mettre une taxe ſur les héritages qui viendroient à écheoir à un garçon de 25 ans, & au deſſus; de faire quelques avantages à ceux qui auroient les familles les plus nombreuſes.

Il arriveroit de-là, que dans toutes les familles & dans toutes les conditions, ceux qui auroient beaucoup d'enfans, (& le cas ſeroit très-commun, parce qu'on ſe marieroit plus jeunes,) ſeroient obligés de les vouer aux profeſſions; le travail ſeroit en honneur, le luxe, pour qui en auroit le goût & les moyens. Mais comme le plus grand nombre, & dans toutes les conditions, ſeroient obligés de vivre avec ſimplicité, & de gagner leur vie par un honnête travail, châcun s'y voueroit ſans peine, & perſonne n'auroit honte d'un genre de vie, dans lequel on auroit pour compagnons, un grand nombre de perſonnes honorables, & même des gens de diſtinction.

Au reſte quand j'ai parlé d'une taxe à impoſer ſur les héritages, qui pourroient écheoir aux célibataires, je ſens combien il importe chez un peuple libre, d'enlever tout l'odieux de cet impôt. Il ſeroit peut-être convenable, que la communauté fût chargée de le percevoir, & que le montant en fût incontinent reparti, entre un certain nombre de peres de famille chargés de beaucoup d'enfans. Ces petites obventions qui leur viendroient de tems en tems, auxquelles on pourroit ajouter l'exemption de certaines charges onéreuſes; une double portion dans la repartition des biens communs; & tels autres avantages qu'on jugeroit convenable de leur aſſigner, feroient déſirer à pluſieurs une famille nombreuſe, autant qu'ils peuvent aujourd'hui la craindre.

Mettez en honneur le travail, & ſinguliérement l'agriculture. Il eſt douloureux, que pour être bien vu dans le monde, pour y être ſur un pied honorable & avantageux, l'on ſoit obligé de renoncer à faire uſage de ſes bras & de ſes mains; & que tout homme qui travaille, en ſoit moins conſidéré, par cela ſeul qu'il veut ſe rendre utile. Le cultivateur ſur-tout, qui ſuit la prémiére & naturelle vocation de l'homme, dont le travail néceſſaire fait ſubſiſter toutes les autres claſſes, eſt injuſtement mépriſé. Mr. Mochard dans ſon mémoire, (a) touche très bien cet article; & il y a tout lieu de croire, que ce mépris dont on accable le payſan, & en général tout homme de travail, dans le pays de Vaud ſurtout, eſt peut-être dans cette riante & fertile contrée, la principale cauſe de l'agriculture négligée, de l'exceſſive émigration, & par-là même de la dépopulation.

Attachez donc, autant qu'il eſt poſſible, le payſan à la glébe. Vous n'y réuſſiriez pas, en cherchant à le rendre eſclave, il trouveroit toujours les moyens de briſer ſes fers; mais vous le retiendrez ſûrement, ſi vous pouvez lui faire aimer ſon état, lui rendre ſa condition honorable & gracieuſe. Ce laboureur du pays Allemand, qui par l'économie & le travail de pluſieurs générations, poſſéde un bien conſidérable, & qui pourtant aime ſon état de payſan, qui conſerve cet heureux état, & qui ne permet point à ſes enfans de ſortir

(a) Page 91 & ſuivantes. 103 & ſuivantes.

de leur condition, cet homme là, en vérité, eſt à mes yeux un homme bien reſpectable.

L'habillement y fait beaucoup : comment quitteroit-il ſa barbe & ſes groſſes culottes, ſans devenir la riſée de tout le monde ? Il n'en eſt pas de même dans le pays de Vaud: l'habillement de nos payſans ne différe pas eſſentiellement de celui des Meſſieurs, & c'eſt un grand mal. Un payſan à ſon aiſe, peut du jour au lendemain, changer de condition ſans s'expoſer au ridicule. Il n'a ſeulement qu'à quitter le travail, qu'à porter à l'ordinaire ſes habits du Dimanche, & le voilà Monſieur. Et quand à cette facilité de changer de condition, ſe joint le mépris inſupportable dont le payſan eſt injuſtement accablé, exclus de tous honneurs, de tous emplois ; faut-il s'étonner qu'ils aient tous la fantaiſie, ou pour mieux dire, l'ambition ſi naturelle de ſortir de leur état, & de pouſſer leurs enfans dans les profeſſions, pour en faire enſuite, & le plutôt poſſible, des Meſſieurs.

Les remédes à cet abus feroient, 1°. que le ſouverain témoignât pour cette claſſe de ſujets ſi utiles, une prédilection marquée, & que chaque membre de la ſouveraineté ſe fit un devoir ſacré, de montrer à tout honnête payſan, de la bienveillance, & même une ſorte de conſidération. 2°. que le payſan, bien loin d'être exclus des honneurs, y fût appellé par ſon état, & par des loix bien préciſes.

Que d'abord dans tous les villages, perſonne ne fût éligible pour les charges du conſiſtoire, de la juſtice, & du conſeil, que les cultivateurs, actuellement addonnés à la culture des terres, à l'exception peut-être du préſident & du ſecrétaire, qui pourroient être pris dans la claſſe des Meſſieurs, quand il ne ſe trouveroit pas des payſans, qui euſſent la capacité néceſſaire.

Et pour les conſeils de nos villes municipales, je ne vois pas quel grand mal il en réſulteroit, que ſur le nombre de douze conſeillers, on fût obligé d'en prendre quatre d'entre les bons cultivateurs; quatre d'entre les maîtres de profeſſion; & les quatre autres, d'entre les juriſconſultes, médecins, gens de plume, qui tous cependant euſſent une vocation décidée, & qu'ils exerçaſſent effectivement. Excluſion entiére, pour quiconque n'auroit d'autre vocation, que celle de manger & de boire, de mêler les cartes, & d'uſer le pavé.

Je conçois fort bien, que dans l'état d'aviliſſement, où ſont tombées maintenant, l'agriculture, & les profeſſions les plus utiles, il n'y auroit pas des ſujets capables pour toutes les charges de magiſtrature; mais ce changement ne ſe feroit pas tout d'un coup: les perſonnes en place conſerveroient leurs emplois, & le nouveau réglement n'auroit lieu que pour remplir les vacances.

Le Sénat de Rome avoit bien ſans doute, autant de dignité que les conſeils de nos petites villes du pays de Vaud; & ſi les mêmes mains qui conduiſoient la charrue, pouvoient tenir dignement les rénes de la république en tems de paix, & défendre la patrie en tems de guerre, je ne vois pas pourquoi, nos honnêtes cultivateurs ne pourroient pas remplir avec honneur, les charges de magiſtrature dans nos villes, & les emplois d'officiers dans nos troupes.

Par-là encore on reformeroit un autre abus, qui n'eſt pas de légere conſéquence. Quiconque dans ce pays, eſt en poſſeſſion de porter la canne & la veſte de ſoye, ſe fait diſpenſer de l'exercice militaire. Jl n'a point de ſervice, n'importe; il faut abſolument qu'il ſoit officier ou diſpenſé. Un homme comme lui, n'eſt pas fait pour être ſimple ſoldat, cette qualité eſt au deſſous de lui, il n'y a que des payſans. Que j'attends avec impatience, le tems heureux vers lequel il ſemble que nous nous acheminions, où revenus des préjugés de l'ancienne barbarie, l'on n'attachera plus de diſtinction à l'inutile vocation de chaſſer, de boire, & de ne rien faire!

Le motif de l'honneur dans toutes les conditions, agit puiſſamment ſur les hommes, & nos cultivateurs n'y ſeroient pas inſenſibles; mais il eſt néceſſaire d'y joindre encore le motif de l'intérêt. Que le ſouverain ſur la quantité de ſes immenſes charités, préleve châque année

année six cent gratifications; dont la moitié seroit, pour les peres des trois cent plus nombreuses familles de tout le canton, l'autre moitié pour autant de cultivateurs, reconnus les plus habiles & les plus intelligens. A châque pere de familles nombreuses, un ducat par enfant sa vie durant; & à mesure que les pensionaires viendroient à mourir, ils seroient remplacés par d'autres; mais toujours par un de ceux qui auroient la plus nombreuse famille. Et quant aux gratifications des trois cent cultivateurs, une couple de Louis d'or, ou cent florins à chacun, & les faire circuler un peu. Ceux qui auroient eu la gratification cette année, ne pourroient revenir sur les rangs qu'à la troisiéme année.

Quand je propose d'appliquer en gratifications honorables, ce qu'on donne présentement en aumônes, je ne prétens point dénaturer aucun établissement charitable, ni détourner les aumônes de leur destination. Mais qui sont ceux qui ont le plus besoin de secours? Ne sont-ce pas ces mêmes cultivateurs, ces mêmes peres de famille, sur qui tomberoient les gratifications? Ils reçoivent, mais à titre de pauvres, cela ne fait point d'impression; s'ils recevoient à raison de leurs nombreuses familles, & de leur application à la culture des terres, ce seroit des encouragements réels.

Je ne borne pas les gratifications à ce petit nombre de six cent, j'en demande six mille mais je ne prétens pas en charger le souverain. Chaque seigneur dans sa terre, pourroit bien être chargé d'une ou de deux, ou d'un plus grand nombre, si la terre est considérable, ils auroient mauvaise grace de se recrier contre un impôt, dont la destination bien décidée ne tendroit qu'à faire prospérer leurs censiers, & à metttre en plus grande valeur leurs assignaux. Je suis persuadé, que la plupart se prêteroient gracieusement à ces contributions, quand le souverain en auroit donné tout le prémier, l'exemple.

Il n'y a point de communauté, qui ne pût suivant ses forces & son étendue plus ou moins grande, payer une ou deux gratifications, & même d'avantage, toujours en faveur de leurs bourgeois. Les communiers auroient moins à boire dans leurs assemblées de communauté; & des revenus, qui se dépensent sans que personne en profite, seroient appliqués très utilement pour le pays.

Les villes sur-tout pourroient multiplier d'avantage ces gratifications en faveur de leurs bourgeois, & il y auroit de la justice. Telle est la constitution de nos bourgeoisies, que quelque riche que soit la communauté, il n'en revient pas un sol aux particuliers. Les pensions quoique chétives d'un conseil nombreux, absorbent une bonne partie des revenus; une autre s'en va en dépenses publiques, réparations &c; une troisiéme en journées, en vacations souvent inutiles; quelquefois en procès, contre l'intérêt même de cette bourgeoisie. Point de dépenses, à mon avis, plus utiles & mieux entendues que ces gratifications, qui faisant à plusieurs bourgeois, une portion d'un bien qui est à eux, serviroient d'encouragemens pour le travail & la population.

Les hôpitaux aussi, ont tous des revenus fixes, & de tems en tems, il leur vient quelques légats pieux. Plusieurs de ces maisons sont dans le cas d'accumuler. Si elles accumulent en effet, c'est un grand mal; car il n'est point à souhaiter qu'aucun hôpital s'enrichisse : ce seroit le vrai moyen d'ôter au peuple, son activité pour le travail. Si au contraire, les revenus trop abondans sont mal administrés; qu'ils soient dissipés, ou détournés de leur véritable destination, c'est un plus grand mal encore : on les rameneroit à leur destination véritable, par ces gratifications, qui seroient toujours pour le soulagement de quelque bourgeois pauvre, ou dans une situation moins aisée.

Il y a dans le pays, une multitude de sociétés, militaires & autres; il n'en est aucune, sous quelque dénomination qu'elle puisse être, qui ne fût en état de contribuer une ou plusieurs gratifications. A Vevey, par exemple, est une société d'agriculture, dont les revenus assez considérables s'en vont à boire. Quoi de plus naturel & de plus conforme au but de leur institution, que de prendre sur ces revenus, trois ou quatre gratifications annuelles, pour être distribuées à des cultivateurs, membres de la société !

Il y a une confrairie nommée l'abbaye des cordonniers, qui non seulement assiste ses membres pauvres, & qui donne des apprentissages à leurs enfans, mais qui étend ses charités sur ceux-mêmes, qui ne sont point de la société. Quoi de plus naturel, que d'insinuer à cette confrairie, de gratifier annuellement, les trois d'entr'eux qui auroient le plus d'enfans !

Il y a une bourse fondée par des familles de distinction, qui fournit des apprentissages à de pauvres gens. Les directeurs de cet établissement, ne sont point gênés par aucun réglement ; ils aimeroient bien autant gratifier de bons cultivateurs, ou des peres de famille chargés de beaucoup d'enfans, que de payer des apprentissages pour les professions.

Il y a encore la société de l'arc, celle du grand mousquet, une autre des fusilliers ; & dans tout le pays, c'est à peu près la même chose, je voudrois exiger de châcune, un hommage au profit de l'agriculture & de la population. Je mettrois aussi à contribution les divers corps de maîtrise, & sur-tout celle des horlogers ; car outre qu'elle est la plus riche, en vérité quand cette profession dans tout le pays de Vaud, seroit obligée de payer une centaine de gratifications, pour les cultivateurs, ce seroit encore un foible dédommagement du préjudice qu'elle porte à la culture, en tirant nos fils de payſans du foſſoir, pour leur mettre la lime en mains. (*a*)

Les villes & les communautés reçoivent des bourgeois, qui pour leur aſſociation payent quelquefois des ſommes conſidérables; cependant par la réception des nouveaux bourgeois, les dépenſes publiques n'augmentent pas d'un dénier; s'il y a quelque choſe d'onéreux, c'eſt pour les particuliers. Il me ſemble que ce ſeroit bien aſſez, de mettre dans la caiſſe publique la moitié du prix de réception; l'autre moitié pourroit ſe partager entre tous les bourgeois, excluant du partage, quiconque ne ſeroit pas marié, & qui n'auroit pas une vocation fixe & décidée.

Enfin l'expédient d'une loterie annuelle pourroit ſervir à compléter nos ſix mille gratifications, & je ſuis perſuadé qu'une pareille loterie n'auroit pas moins de faveur chez l'étranger, que celles d'Angleterre & de Hollande. Je me retourne de tous côtés pour trouver des reſſources : je voudrois que notre

(*a*) Actuellement à Vevey, on pourroit compter un nombre conſidérable de fils de cultivateurs qui ſe ſont jettés dans l'horlogerie. Bien plus, des ouvriers d'autres profeſſions; après leur apprentiſſage fini, & même après s'être établis comme maîtres, ont la fantaiſie de ſe vouer à l'horlogerie, qui leur ſemble plus honorable & plus lucrative. Je ſais un ſerrurier, un charpentier, un jardinier, qui ont quitté ces profeſſions pour embraſſer celle d'horlogers.

peuple fût encouragé au travail, & retenu dans le pays par toutes ſortes de bienfaits; (*a*) & qu'en général dans toutes ſortes de conditions, quiconque auroit bien mérité de la ſociété, reçût quelques marques flateuſes de diſtinction.

Je me ſuis beaucoup étendu ſur cet article, parce qu'il me paroît d'une très-grande importance, je n'ajouterai qu'un petit calcul. J'ai ſuppoſé trois mille gratifications, en faveur de ceux qui ont les plus nombreuſes familles; or s'il y a dans le canton 45 mille familles, il y en auroit 5 ſur 100, qui jouiroient de la gratification. Quel encouragement pour la population! J'ai ſuppoſé auſſi trois mille gratifications pour les cultivateurs; or s'il y a dans le canton, 30 à 40 mille familles de cet ordre, les gratifications circulant un peu, elles tomberoient à peu près ſur tous les ſujets méritans. Quel encouragement pour l'agriculture!

Repouſſez par de ſages établiſſemens, les

(*a*) Les primes que l'illuſtre ſociété économique, fait diſtribuer châque année, aux cultivateurs qui ſe diſtinguent dans certains genres, celles qu'on diſtribuera du produit de la loterie; les gratifications de ſon alteſſe le Duc de Wirtemberg; celles de divers ſeigneurs, & ſur-tout celles du ſouverain, ſemblent être des acheminemens à des gratifications plus générales. Cette année, LLEE ont gratifié de cent livres Bernoiſes, un payſan qui avoit paru à la revuë, la hallebarde à la main, avec ſept fils portans le fuſil, tous beaux & grands hommes, & bons cultivateurs; dont quatre avec leur ſœur, ſont actuellement peres de famille.

habitans des villes à la campagne. Nous ne manquons pas dans ce pays, de bons établiſſemens pour ſoulager l'indigent dans ſa miſére. Toutes les villes & les communautés ont leurs hôpitaux. Il y a l'école de charité à Lauſanne, qui entretient un grand nombre d'enfans pauvres : pluſieurs fondations particuliéres, pour donner des métiers aux pauvres gens : les particuliers charitables, qui ſuppléent aux fonds publics : un ſouverain toujours bienfaiſant, qui répand beaucoup en aumônes : peut-être n'eſt-il point de pays, où l'indigence trouve plus de reſſources.

Mais tous ces établiſſemens, ſi louables & ſi excellens en eux-mêmes, ſont-ils toujours dirigés vers le bien général? C'eſt ce que je ne crois pas. On penſe qu'il ſuffit de faire du bien; & ſouvent avec les meilleures intentions du monde, l'application qu'on en fait, devient préjudiciable, & contraire à l'intérêt général du pays.

Combien d'apprentiſſages payés par les hôpitaux, par les bourſes, ou fondations particuliéres; & par une charité qui n'eſt pas toujours bien entendue, l'on tire du travail de la terre, de jeunes gens qu'on pouſſe dans les profeſſions, & qu'en bonne politique, on auroit dû placer chez de bons laboureurs à la campagne.

Je ſais qu'à Vevey entr'autres, il eſt comme impoſſible de faire un cultivateur, du fils d'un bourgeois, ou même d'un habitant. Un vigneron demande un métier pour son fils: il le demande avec d'autant plus d'assurance, qu'il y a des fondations, destinées à cet usage: toutes les réprésentations possibles ne le détournent pas de son dessein; il insiste, il obtient, & son exemple fortifie tous les autres, dans la répugnance qu'ils avoient déja, à vouer leurs enfans aux travaux de la terre. Il seroit peut-être à propos, de faire quelques réglemens, pour changer en partie cette destination.

L'école de charité de Lausanne, établissement qui fait honneur à ce pays, au zéle de ceux qui l'ont fondé, & qui le soutiennent, tant par leurs contributions, que par leurs soins charitables, péche peut-être essentiellement, par cela même qu'il est placé dans une ville. Je sais qu'on en a réformé le plan depuis quelques années, qu'aujourd'hui l'attention des sages directeurs est tournée en bonne partie, du côté de l'agriculture, & des travaux qui conviennent au paysan. Le but est excellent, l'administration ne sauroit être en de meilleures mains; je ne suis en peine, que de la possibilité dans l'exécution. Je ne sais si je me trompe; mais il me semble, que vouloir former de jeunes laboureurs, en leur faisant respirer l'air de la ville, c'est tirer un poisson hors de son élément, & vouloir qu'il vive dans l'air.

Un établissement tel que celui-là, seroit admirablement bon, placé dans quelque village à l'écart, où il y auroit beaucoup de terres, à proportion du nombre des habitans. Quatre régens à qui l'on donneroit quelques arpens à cultiver, feroient leurs écoles le matin, & l'après midi méneroient à la campagne, leur bande de jeunes ouvriers, qu'ils formeroient ainsi au travail pour lequel ils sont nés. Des maîtresses d'école, après les leçons ordinaires, formeroient leurs éléves, non seulement à filer & à tricoter; mais encore à arracher, à rouïr, & à teiller le chanvre; à sarcler les bleds &c. quelques-unes porteroient les repas aux jeunes ouvriers, d'autres soigneroient de petits enfans, d'autres encore s'occuperoient à gouverner le bétail, à traire les vaches, à battre le beure &c. apprentissages assortis à leur vocation.

Il y auroit peut-être un moyen de combiner ce plan-là, avec la régie actuelle de ce charitable établissement. Partager l'école en deux: laisser dans la ville tous les enfans, qui par la foiblesse de leur constitution, ou par d'autres circonstances, seroient destinés à des professions: placer à la campagne tous ceux qui seroient destinés à la culture des terres. La même direction pourroit embrasser les deux écoles, & assigner aux enfans, celle qui conviendroit à la situation de chacun d'eux. Je conçois que l'inspection de l'école de campagne ne seroit pas sans difficultés, mais on peut en surmonter de plus grandes. Il se peut que mon plan auroit des inconvéniens, qui ne se sont pas présentés à mon esprit; je propose mes idées & mes réflexions. Elles ſont dictées uniquement par l'amour du bien public.

En général, ſi vous voulez des mariages, & une population nombreuſe, ouvrez à votre peuple toutes les reſſources poſſibles; car comme dit le célébre Montesquieu, par-tout où il y a dequoi faire vivre deux perſonnes, il ſe fait un mariage. Le pays de Vaud en fournit un exemple, dans le ſort des familles de l'ordre du clergé.

Au ſiécle paſſé, les penſions des miniſtres ſuffiſoient encore, pour faire ſubſiſter honnêtement une famille; & même un ſuffragant avec une demi-penſion, avoit dequoi vivre & ſe marier. Auſſi les familles des miniſtres étoient-elles ſi nombreuſes, que leur population étoit paſſée en proverbe. Mais aujourd'hui que les choſes ont changé; que la valeur de l'argent n'eſt plus la même, & que les penſions ſont devenues inſuffiſantes; cette reſſource ôtée, la grande population a ceſſé. Les miniſtres ſont aujourd'hui ceux qui méritent le moins de la ſociété à cet égard. Ils ſe marient à quarante ans, pluſieurs demeurent célibataires, la plupart n'ont qu'un ou deux enfans, rarement de nombreuſes familles; ſans parler de l'émigration qui eſt auſſi très-grande parmi eux. L'exemple de cette claſſe de citoyens, dont la population a ſi fort diminué de nos jours, fait voir clairement, combien il importe d'ouvrir à un peuple des reſſources, & des moyens de fubfiftance. C'eft là fans contredit, la grande & véritable fource de la répopulation.

Ouvrir des reffources à tout un peuple, & des reffources multipliées & abondantes ; ce n'eft pas un petit ouvrage : il faut des facrifices immenfes, fi tant eft que l'on doive appeller facrifices, des avances qui ne manqueroient pas de rentrer bientôt, avec un redoublement de population, & qui en rentrant, rapporteroient infailliblement capital, & intérêts. Mais il eft des reffources qui ne coûtent rien à l'Etat, & qui ne laifferoient pas que d'être des reffources réelles & très-utiles au pays. Sur toutes chofes liberté entiére.

Commencez par révoquer tous les priviléges, qui s'étendent fur des objets de commerce ou de travail. Je ne mets pas au rang des priviléges nuifibles, ceux qui s'accordent aux marchandifes du pays en général, en défendant l'importation de celles que le pays peut fournir. Il eft fouvent utile, & même néceffaire, de faire de pareilles défenfes, qui font toutes au profit des habitans du pays. Mais les priviléges exclufifs, par lefquels on attribuë à quelques particuliers, au préjudice de tous les autres, le droit de faire un certain commerce, de fabriquer ou de vendre certaines marchandifes ; de tels priviléges vont directement contre l'intérêt du pays, & la liberté des particuliers, pour favorifer un petit nombre de perfonnes, aux dépens de la totalité du peuple, ou plutôt pour favoriser l'étranger, autant & même plus, que la personne qui obtient le privilége.

Quand un artiste invente quelque chose d'utile, il mérite récompense. Gratifiez-le; point de privilége, à moins qu'il ne porte défense pure & simple, de tirer cette marchandise du déhors. En général il est dur, il est même injuste, de défendre à qui que ce soit de travailler, & de faire valoir ses talens & son industrie.

Les inconvéniens des priviléges sont des plus sensibles. Tel invente, & souvent par hazard, qui n'a point le talent de perfectionner son invention. Content de son privilége il se hâte de gagner beaucoup, pendant que son invention a le mérite de la nouveauté, & il ne songe pas même à la perfectionner. Je veux même qu'il perfectionne, toujours le privilége produit-il le mauvais effet, de borner le pays à cette seule fabrique, au lieu qu'il auroit pu s'en établir vingt autres. D'ailleurs une invention n'est jamais long-tems cachée : on découvre le secret à Genève, en France, en Savoye, il s'établit des fabriques par tout ailleurs que chez vous; & précisément le privilége est cause, que votre pays qui a fourni l'invention, est le seul qui n'en recueille point les fruits.

S'il étoit possible aussi, d'enlever les empêchemens qui résultent de nos constitutions de bourgeoisie; les droits de parcours, & tous ceux en général, qui vont à gêner le propriétaire dans l'administration de son économie, sont aujourd'hui si généralement reconnus pour nuisibles, qu'il seroit nécessaire d'en réformer l'abus. La finance du sixiéme dénier pour les passations à clos, est trop forte pour le paysan qui n'est pas en argent, & si l'on n'a pas un certain crédit dans la communauté, on rencontre toujours mille difficultés. Si l'on ne veut pas entiérement abolir la finance, il pourroit être utile de la réduire à la moitié ou au quart. (*a*)

N'est-il pas aussi de la derniére absurdité, que nous soyons tous étrangers dans notre propre patrie? La postérité des prémiers fondateurs de nos villes, pourroit exister encore, bien prouver sa filiation, posséder au pays cinquante bourgeoisies, & pourtant être refusée à demi-lieue de leur lieu natal, où ils seroient aussi étrangers, que s'ils arrivoient aujourd'hui du Monomotapa.

J'aimerois qu'il y eût entre toutes les villes

(*a*) Depuis que ceci est écrit, LLEE. de Berne ont établi une commission, qui doit prendre en considération ces objets très-importans: Ouvrage d'autant plus nécessaire, qu'il y a telle communauté qui exige de ses plus proches voisins, jusqu'au cinquième denier au lieu du sixième, en vertu de je ne sais quel arrêt, sur lequel on fonde ce droit; outre cela, on taxe les fonds à un prix si excessif, qu'il en coûte quelquefois le tiers de leur juste valeur pour les affranchir du parcours.

du pays de Vaud; une ſorte de combourgeoiſie, qu'un bourgeois de Morges ou d'Yverdon, moyenant une finance réglée, pût ſans difficulté aucune, établir ſon domicile à Moudon, à Lauſanne, ou dans telle autre ville du pays, & là exercer librement ſa profeſſion ou ſon commerce, acheter des fonds & en jouir, ſans autre préférence en faveur des bourgeois du lieu, ſi ce n'eſt qu'ils auroient un droit excluſif à tous les emplois, & aux revenus, tant de la bourgeoiſie que de l'hôpital. Je voudrois encore qu'à raiſon de cette combourgeoiſie, tout bourgeois d'une ville quelconque, pût obtenir à moitié prix, la bourgeoiſie des autres villes.

Tel ſeroit retenu au pays, ſi ce plan de combourgeoiſie avoit lieu, qui dans l'état préſent des choſes, s'il ne trouve pas l'occaſion de s'établir avantageuſement dans ſon lieu de bourgeoiſie, ſe voit contraint de chercher ailleurs, un établiſſement que ſa propre patrie ne lui préſente, que d'une maniére précaire, & toujours hériſſée de difficultés. L'idée d'un tel plan, il y a cinquante ans, auroit revolté toutes nos bourgeoiſies: ce ſyſtême de rétréciſſement a dès lors beaucoup changé; & je préſume qu'aujourd'hui, il ſe trouveroit bien des gens, qui n'auroient pas tant d'éloignement à y donner les mains.

Je ne vois dans ce plan, qu'une ſeule choſe qui m'embaraſſeroit. Ce droit de combourgeoiſie, l'accorderoit-on auſſi à tous les villages? Mais il n'y auroit aucune égalité. De chétives communautés acquerroient par ce moyen ſur les villes, un droit très-utile de combourgeoiſie, ſans leur donner aucune eſpèce d'équivalent; & où ſeroit la juſtice, qu'un quidam en vertu d'une bourgeoiſie de village, qui lui aura coûté cinq ſols, vînt partager avec les bourgeois des villes, des droits que ceux-ci ont payé bien chérement.

J'ajouterai qu'il y auroit beaucoup d'inconvéniens, à rendre trop faciles les établiſſemens des gens de la campagne dans les villes. Mais d'un autre côté, il pourroit ſe trouver tel cas, où un villageois auroit de légitimes & de très-fortes raiſons, pour vouloir s'établir dans une ville. Lui en fermer abſolument la porte, cela ſeroit contraire, & à la liberté de domicile que j'aurois deſſein d'introduire, & à la préférence, à la prédilection marquée, que je voudrois accorder à la claſſe des payſans.

Quand il ſeroit queſtion de réaliſer le plan, dont je ne donne ici qu'une idée vague & non-digérée, il y auroit ſans doute, bien des réflexions à faire, des intérêts divers à combiner, une multitude de raiſons pour & contre, qu'il faudroit peſer dans une juſte balance.

Les moyens de répopulation juſques ici indiqués dans ce mémoire, ſont tous à deux fins. Ils tendent d'un côté, à faciliter les mariages, à augmenter le bien-être du peuple, & par cela même à rendre la population plus nombreuse; & d'un autre côté, ils doivent naturellement attacher nos gens au pays, & diminuer l'émigration commerçante, qui est principalement occasionée par la misére, & le manque de ressources. Mais tous ces remédes ne peuvent point guérir le mal de l'émigration militaire.

Il ne m'appartient pas d'entrer dans les raisons politiques, qui ont pu faire prendre & multiplier des engagemens, très-onéreux en eux-mêmes: il me suffit de savoir, que nous avons un souverain, dont la profonde sagesse fait l'admiration de l'Europe; mais sans donner aucune atteinte aux engagemens pris avec les puissances, ne pourroit-on point diminuer en partie le mal, & réformer au moins les abus qui se pratiquent dans les enrôlemens?

Un vigneron aura pris à cultiver huit ou dix poses de vignes. Il avoit trois valets bien & duement engagés. Vient un enrôleur qui les lui débauche; le vigneron les voit partir au plus fort de ses ouvrages, sans qu'il ose alléguer le contract antérieur, par lequel ces valets s'étoient engagés à lui.

Une fille aura été recherchée par un jeune homme: elle est déja fiancée, ou bien nouvellement mariée. Son époux aura eu l'imprudence de profiter des dangereuses politesses d'un enrôleur. A moitié yvre, on lui a offert quelques écus d'engagement, qu'il a malheureusement acceptés: ils s'en répent, il voudroit rendre l'argent, y ajouter encore du sien, il cherche à emprunter, il offre en gage ses habits, ses armes, tous ses meubles, jusques au lit sur lequel il couche; mais la somme qu'on exige est au dessus de ses forces, il est contraint de partir. Un engagement de séduction prévaut ainsi, sur le lien sacré qui l'unit à son épouse.

Un pere de famille aura eu quelques altercations avec sa femme. Dans un moment de dépit, il s'enrôle; le moment d'après, il en gémit. Les droits du mariage sont tenus pour rien. Il faut que la femme sacrifie le plus clair de son bien, pour racheter un homme qui étoit pourtant à elle: & si le Capitaine est intraitable, voilà un mari arraché à son épouse; un pere à ses enfans; une famille réduite à la misére, obligée de vendre pour payer des dettes, leur petit héritage abandonné, sans qu'il leur reste autre chose pour subsister que la triste ressource de la mendicité.

Que je plains ce pauvre paysan, qui s'est sacrifié pour élever sa famille, qui a mangé le pain de tourment, jusques à se refuser le nécessaire, qui a même été forcé de contracter des dettes, pour la subsistance de ses enfans. Ils étoient élevés, & en état de soutenir leur pere; mais ils sont venus au marché: un moment de séduction, les voilà engagés. Et leur pauvre pere, leur prémier & légitime créancier, demeure en arriére, frustré de sa dette, désolé, ruïné.

L'engagement prévaut sur tous les droits de

la paternité, deux ou trois grands garçons ſont enlevés à un vieillard, qui perd en un ſeul jour, le fruit de ſes peines, ſa reſſource, & ſa conſolation, ſans avoir d'autre moyen pour ſubſiſter dans ſa vieilleſſe, que les aumônes.

Si les enrôlemens ſont un mal néceſſaire, qu'ils ſe faſſent du moins ſans ſéduction & ſans inſolence. Du reſte, j'abandonne aux enrôleurs, tous les pareſſeux, tous les vauriens du pays, tous ceux qui ne ſont qu'un poids inutile ſur la terre: le nombre en eſt malheureuſement aſſez grand, & en les raſſemblant de toutes parts, il ſe trouveroit dequoi tenir les armées toujours complettes.

Heureux, ſi mes bonnes intentions étoient ſuivies du ſuccès, ſi l'agriculture & la population, pouvoient faire dans ce pays des progrès ſi rapides, que l'on eût ſujet de dire à notre troiſiéme génération. *Vos pères étoient en petit nombre, & voici maintenant l'Eternel vous a multipliés comme les étoiles du Ciel.* Deut. X. 22. C'eſt là mon ſouhait, c'eſt auſſi ma déviſe.

FIN.

TABLES

SERVANT

DE PIECES JUSTIFICATIVES

POUR LE MEMOIRE

SUR LA

POPULATION DU PAYS DE VAUD.

TABLE PREMIERE

CONTENANT

LA POPULATION ACTUELLE

De toutes les Paroisses du Pays de Vaud, & les proportions calculées sur dix mille ames.

EXPLICATION

LA prémiere Table présente la population actuelle du pays de Vaud, & les proportions calculées, en supoſant dix mille ames dans chaque paroiſſe, pour avoir une proportion uniforme.

La page à gauche en 8 colonnes, dont la prémiere contient les noms des paroiſſes; la 8me. la population des dites paroiſſes.

La page à droite montre d'un coup d'œil, quelle eſt la paroiſſe, qui dans la proportion donne plus de batêmes, plus de morts, ou de mariages actuels.

Dans la page à gauche, outre le nombre des batêmes de chaque paroiſſe en dix ans, j'ai ajouté le nombre des batêmes en 30 ans; mais la premiere colonne des proportions eſt calculée ſur les dix ans.

A chaque paroiſſe j'ai raporté non ſeulement les annexes, mais encore dans les lieux où il y a pluſieurs Paſteurs, j'ai rapporté auſſi les Egliſes filiales deſſervies par les Diacres & Suffragans, à la paroiſſe où réſide le Paſteur en chef.

Dans les paroiſſes où le régiſtre mortuaire manquoit, ou n'étoit pas exact, j'ai ſupléé le nombre des morts ſuivant la proportion trouvée dans le même Balliage, & ce nombre ſupléé ſe trouve dans la table ſouligné.

Quant à la proportion très inégale des mariages, il faut obſerver que celle de chaque paroiſſe priſe ſéparément, ne tire à aucune conſéquence, parce qu'il eſt d'uſage, que chacun fait bénir ſon mariage où bon lui ſemble. Ainſi quoi qu'il y ait telle paroiſſe, où l'on a béni cinq ou ſix fois plus de mariages que dans une autre, il ne s'enſuit pas qu'il s'y faſſe plus de mariages qu'ailleurs, mais c'eſt que le régiſtre ſe trouve chargé de pluſieurs mariages des paroiſſes voiſines.

Ce n'eſt donc qu'en raſſemblant la totalité du pays, que la proportion doit ſe retrouver juſte, & que l'on peut connoître, combien ſur un nombre d'ames donné, il ſe fait de mariages, combien chaque mariage produit d'enfans &c.

POPULATION ACTUELLE.

Paroiſſes	Batêmes ſur 30 ans.	Bat.	Mar. ſur 10 ans.	Morts	Mariag. actuels.	Feux.	Ames.
Morges	1775	587	153	454	366	524	2602
Lonai	579	235	59	153	130	157	806
Wuillerens	807	271	67	151	189	219	981
Penthaz	188	78	14	41	34	46	223
Vufflens la ville	235	80	23	43	55	58	288
Granci	452	151	23	88	105	112	552
Coſſonai	917	276	75	188	179	240	1072
Pampigni	517	184	44	134	111	125	653
Lisle	1015	274	54	199	187	226	1006
Vufflens le châtel	401	159	33	108	98	116	486
Luſſi	336	117	39	80	81	104	464
Rolle	1396	472	117	342	291	377	1607
Aubone	1483	564	146	348	291	391	1622
Etoi	635	200	60	143	121	156	667

DU PAYS DE VAUD.

Proportions calculées sur 10000 ames.

Batêmes.	Mariages	Morts.	Mariag. actuels.	Feux.
226	59	174	1407	2014
292	73	190	1613	1948
276	69	154	1927	2232
350	63	184	1525	2063
278	80	149	1910	2014
274	42	160	1902	2128
257	70	175	1670	2239
285	67	205	1700	1914
272	54	198	1859	2246
327	68	222	2016	2387
252	84	173	1746	2241
294	73	213	1811	2346
348	85	214	1794	2411
300	90	214	1814	2339

POPULATION ACTUELLE.

Paroisses	Batêmes sur 30 ans	Bat. Mar. Morts sur 10 ans.	Mariag. actuels.	Feux.	Ames.
Gimel	966	307 : 57 : 209	187	234	1070
Perroi	511	188 : 59 : 99	80	116	534
Burtigni	560	178 : 34 : 99	127	152	664
Apples	550	235 : 47 : 118	128	154	692
St. Livre	778	245 : 51 : 165	153	187	861
Biére	1077	410 : 90 : 279	241	277	1336
Longiroud	561	219 : 69 : 141	125	140	634
Nion	1404	502 : 94 : 277	232	408	1817
Prangin	372	168 : 41 : 105	80	97	545
Burſin	743	248 : 67 : 157	143	187	787
Begnin	528	199 : 45 : 117	107	123	571
Vich	760	257 : 73 : 166	196	265	1023
Gingins	573	196 : 31 : 167	118	169	688
Craſſi	927	287 : 53 : 264	165	226	1030

DU PAYS DE VAUD.

Proportions calculées sur 10000 ames.

Batêmes.	Mariages	Morts.	Mariag. actuels	Feux.
287	53	195	1748	2187
351	110	185	1498	2172
268	51	149	1913	2290
340	68	170	1850	2226
285	59	192	1769	2171
307	67	209	1804	2073
345	109	222	1972	2208
282	52	152	1276	2245
308	75	193	1467	1780
315	85	200	1817	2376
348	79	205	1874	2154
251	72	162	1916	2600
285	45	243	1715	2456
278	51	256	1602	2194.

POPULATION ACTUELLE.

Paroisses	Batêmes sur 30 ans	Bat.	Mar. sur 10 ans.	Morts	Mariag. actuels.	Feux.	Ames.
Coppet	992	342:	60:	301	198	285	1229
Arzier	275	114:	22:	63	56	66	296
ſt. Cergue	199	66:	15:	38	29	29	171
Lauſanne	6100	1949:	489:	1820	1053	1617	7191
Mont		193:	45:	152	119	140	748
Prilly	394	139:	51:	99	70	87	461
Croiſetes	824	287:	60:	181	132	157	799
Ecublens	501	156:	66:	116	98	125	550
Criſſier	544	175:	53:	123	120	147	676
Cheſeaux	658	230:	56:	182	138	178	710
Morens	760	247:	47:	154	153	175	877
Dom-martin	734	251:	50:	173	154	199	883
Daillens	682	160:	152:	106	136	158	741
Pully	728	303:	68:	275	132	207	947

DU PAYS DE VAUD.

Proportions calculées ſur 10000 ames.

Batêmes.	Mariages	Morts	Mariag. actuels	Feux.
278	49	245	1611	2309
385	74	213	1892	2230
386	88	222	1696	1696
271	68	253	1464	2249
258	60	203	1591	1872
301	110	215	1518	1887
359	75	226	1652	1965
284	120	211	1782	2273
259	78	182	1775	2175
324	79	256	1944	2507
282	53	176	1744	1995
284	57	196	1744	2253
216	205	143	1835	2132
320	72	290	1394	2186

POPULATION ACTUELLE

Paroisses	Batêmes sur 30 ans	Bat.	Mar.	Morts	Mariag. actuels	Feux	Ames
		sur	10	ans.			
Lutri	1133	373	70	273	220	289	1350
Vilete	1690	568	133	421	317	416	1740
Savigni	988	374	170	284	189	234	1193
Vevey	2381	755	177	886	503	778	3350
La Tour	587	200	111	145	121	156	668
Blonai	1000	311	99	330	218	273	1244
Montreux	1949	585	136	541	380	514	2269
Villeneuve	598	198	65	174	134	168	625
Oron	759	253	43	163	144	190	946
Paleisieux	553	187	36	111	100	123	749
Rougemont	1235	370	106	347	198	323	1287
Château d'Oex	1416	444	114	471	260	480	1751
Rossiniére	518	135	49	167	97	175	646
Letiva	149	40	17	42	23	51	180

PREMIERE.

DU PAYS DE VAUD.

Proportions calculées sur 10000 ames.

Batêmes	Mariages	Morts	Mariag. actuels	Feux
276	52	202	1630	2141
326	76	242	1822	2391
314	142	238	1584	1961
225	53	265	1501	2322
300	166	217	1811	2335
250	80	265	1752	2194
257	60	238	1674	2265
317	104	278	2144	2688
267	45	172	1522	2008
250	48	148	1335	1642
287	82	269	1538	2510
250	65	269	1485	2741
209	76	258	1502	2703
222	94	233	1277	2833

POPULATION ACTUELLE

Paroisses	Batêmes sur 10 ans	Bat.	Mar.	Morts	Mariag. actuels	Feux	Ames
		sur 30 ans					
Corsi	1334	431	101	259	260	306	1615
St. Saphorin	657	170	59	145	98	167	570
Chébres	1038	351	85	256	177	229	1104
Aigle	1733	515	140	540	394	588	2185
Noville	575	178	83	141	103	169	696
Leisin	218	83	45	82	98	121	405
Ormont sous	1228	405	118	411	260	349	1437
Ormont sus	971	386	63	330	216	393	1214
Olon	1382	468	171	437	352	512	1822
Bex	1888	644	155	593	407	576	2267
Gryon	256	90	20	98	62	99	*346
Yverdon	1891	624	123	561	378	547	2504
Ependes	523	149	45	110	106	129	594
Grissier	605	242	56	173	129	148	853

DU PAYS DE VAUD.

Proportions calculées sur 10000 ames.

Batêmes	Mariages	Morts	Mariag. actuels	Feux
267	62	160	1610	1894
298	103	254	1719	2930
318	77	232	1603	2074
236	64	247	1803	2690
256	120	203	1480	2428
205	111	202	2419	2988
282	82	286	1809	2429
318	52	272	1779	3237
257	94	240	1932	2810
284	68	261	1795	2541
260	58	283	1792	2861
249	49	224	1510	2185
251	76	185	1785	2172
284	66	203	1512	1735

POPULATION ACTUELLE

Paroiſſes	Batêmes ſur 30 ans	Bat.	Mar. ſur 10 ans	Morts	Mariag. actuels	Feux	Ames
Pomi	394	137:	27:	105	75	103	445
Chavornai	972	296:	136:	212	203	253	1163
Wuarens	899	310:	85:	227	170	254	998
Bercher	498	152:	38:	99	104	156	632
Cronai	545	157:	41:	125	95	139	604
Doneloye	494	166:	35:	121	96	124	574
Le Paquier	430	168:	34:	106	125	142	652
Baulme	721	231:	46:	188	129	171	690
Rances	793	284:	65:	179	167	194	891
Champvent	574	184:	45:	141	124	141	633
St. Croix	1704	574:	155:	450	299	405	1834
Bullet		193:	49:	150	94	116	581
Romainmotier	1133	370:	118:	300	263	320	1182
La Sarra	1023	341:	100:	265	211	282	1095
Lignerolles	589	184:	43:	168	121	169	700

DU PAYS DE VAUD.

Proportions calculées ſur 10000 ames.

Batêmes	Mariages	Morts	Mariag. actuels	Feux
308	61	236	1685	2315
255	117	182	1745	2175
311	85	227	1703	2545
240	60	157	1645	2468
260	68	207	1573	2301
272	61	211	1672	2160
258	52	163	1917	2178
335	66	272	1870	2478
319	73	201	1875	2177
291	71	223	1959	2227
313	84	245	1630	2209
332	84	258	1618	1997
313	100	254	2225	2708
312	91	242	1927	2575
263	61	240	1728	2414

POPULATION ACTUELLE

Paroisses	Batêmes sur 30 ans	Bat. sur	Mar. 10 ans	Morts	Mariag. actuels	Feux	Ames
Agy	489	159:	23:	104	84	122	461
l'Abaye	787	260:	75:	180	142	245	852
Le Lieu	698	254:	74:	174	162	175	922
Le Chenit	1416	541:	120:	321	250	282	1632
Vallorbe	778	259:	75:	242	171	201	905
Vaulion	600	198:	60:	101	140	175	730
Cuarnens	911	268:	62:	184	218	250	1122
Moudon	2192	683:	149:	596	355	555	2564
Lucens	998	290:	84:	201	164	222	1022
Dompierre	410	129:	32:	135	74	103	534
Denezi	86	24:	28:	24	24	27	112
Montpreviere	218	49:	26:	45	32	41	172
Meziére	1673	508:	133:	459	421	404	1820
St. Cierge	806	232:	59:	193	153	215	911
Thiérens	801	242:	45:	205	161	192	816

DU PAYS DE VAUD.

Proportions calculées sur 10000 ames.

Batêmes	Mariages	Morts	Mariag. actuels	Feux
345	50	226	1822	2647
304	88	211	1666	1678
275	80	188	1757	1898
331	74	197	1532	1728
286	83	267	1889	2221
271.	82	138	1918	2397
239	55	164	1943	2228
266.	58	232	1384	2165
284	82	197	1605	2172
227	60	253	1386	1929
214	250	214	2143	2411
285	151	262	1860	2384
279	73	252	2313	2220
255	65	212	1680	2360
296	55	251	1973	2353

POPULATION ACTUELLE

Paroisses	Batêmes sur 30 ans	Batêmes sur	Mar. 10	Morts ans.	Mariag. actuels	Feux	Ames
Payerne	1476	433	13	435	306	410	1691
Corcelle	337	128	44	99	85	129	503
Grange	713	200	44	165	142	203	840
Villarzel	279	63	24	76	49	77	302
Combremont	499	185	34	130	92	128	596
Reſſudens	[illegible]	206	52	188	164	190	818
Avenches	961	312	59	274	187	281	1056
Villars	228	88	30	65	64	74	314
Conſtantine	370	130	34	90	79	112	471
Coſterd	231	68	17	59	46	66	262
Montet	636	220	65	181	139	204	835
Faoug	179	61	19	43	32	54	203
12 *Paroiſſes*		31365	8039	24914	19064	25664	11131
quatre vilages enclavés dans les paroiſſes mediates.		191	43	124	100	114	641
Sommes totales		31556	8082	25038	19164	25778	11295

DU PAYS DE VAUD.

Proportions calculées sur 10000 ames.

Batêmes	Mariages.	Morts.	Mariag. actuels.	Feux.
256	8	257	1810	2425
254	87	197	1690	2565
238	52	197	1690	2418
209	79	252	1621	2550
310	57	218	1543	2148
252	64	230	2005	2323
295	56	260	1771	2661
280	95	207	2038	2357
276	72	191	1677	2378
260	65	225	1756	2519
263	78	217	1665	2443
300	94	212	1576	2660
298	67	193	1560	1778
279	71	222	1697	2282

NB. Outre les 112. paroiſſes, il y a pluſieurs villages enclavés dans les paroiſſes d'Orbe, de Grandſon, de Fy, & d'Yvonan, dans les terres médiates, dont la population indiquée au bas de la table eſt de 641 ames.

Il y auroit déduction à faire de 63 perſonnes du bailliage de Grandſon, compriſes dans la population de Baume ; & de 42 autres, compriſes dans la population de Champvent ; mais j'eſtime ces 10 perſonnes compenſées, par la population non indiquée d'un village du bailliage d'Avenche enclavé dans la paroiſſe de Motier terre médiate.

TABLE DEUXIEME

CONTENANT

Les Batêmes de 46 Paroisses sommés de dix en dix ans. Et les Batêmes des mêmes Paroisses sommés de 70 en 70 ans.

EXPLICATION

CEtte table présente d'abord les batêmes de 46 paroisses, sommés de dix en dix ans, à commencer aussi haut que les régistres de chaque paroisse remontent; mais comme il y en a très peu qui remontent jusqu'au XVIe. siécle, ou qui à cette date soient de quelque exactitude, de là vient que les premieres colonnes de la table ne sont remplies qu'en partie.

Pour ce qui est des cases vuides, c'est lors qu'il s'est trouvé des lacunes dans les régistres, ou un désordre si grand, qu'on pouvoit les tenir pour nuls.

Cette même table présente ensuite les batêmes des dites paroisses, sommés de 70 en 70 ans, en trois époques; & comme il n'y a que 17 régistres qui fournissent quelque chose dans la premiere époque, les batêmes de ces 17 paroisses sont indiqués à part, page 32 & 33. d'abord 11 paroisses dont la dépopulation a été progressive, puis 3 autres, dont la population paroit avoir regagné un peu; ensuite 3 qui ont gagné progressivement.

Au reste, comme il n'est aucun régistre qui remonte à 1550, il n'en est aucun qui nous présente la premiere époque complette; j'ai donc pris la somme proportionelle, sur le nombre d'années que chaque régistre donne dans la dite époque.

Les batêmes des 46 paroisses pendant les 70 ans de la deuxieme époque, & les 70 ans de la troisieme, sont ensuite comparés, page 34

& 35. D'abord 19 paroiſſes dont la population a diminué dans la derniére époque; puis les 27 autres, dont la population ſemble avoir augmenté.

Batêmes de diverſes Paroiſſes

ANNE'ES / *Paroiſſes*	de 1571 à 1580	à 1590	à 1600	à 1610	à 1620	à 1630	à 1640	à 1650	à 1660
Vevey					1200	995	830	815	771
La Tour							110	178	148
Blonai						340	354	385	379
Montreux			702	731	582	598	643	605	658
Villeneuve	211	189	208	240	151	175			148
Noville							177	169	168
Aigle & Leyzin							554	674	530
Olon				518	542	445	538	568	544
Bex			558	568	518	338	484	481	524
Gryon			100	83	104	89	71	71	103
Ormont ſus				478	455	388	367	424	435
Ormont ſous	758	635	586	631	546	473	475	513	566
Rougemont		625			556	475	366	336	388
Château d'Oex	1053		677	817	731	718	657	665	600
Letiva									
Roſſiniére	235	200	232	292	265	216	191	233	241

sommés de dix en dix ans.

à 1670	à 1680	à 1690	à 1700	à 1710	à 1720	à 1730	à 1740	à 1750	à 1760
672	599	849	806	734	814	798	860	788	733
139	161	172	135	150	163	148	177	214	194
310	394	418	340	343	330	280	356	318	327
621	718	564	458	580	554	421	634	692	623
164	129	174	175	212	173	190	219	190	187
170	217	204	166	186	166	161	185	148	152
622	658	663	611	734	657	669	722	627	602
521	513	507	517	480	461	438	484	408	480
584	569	662	632	665	649	623	666	576	655
97	82	117	90	71	108	99	80	79	98
409	434	405	333	310	371	396	328	320	329
504	499	465	536	520	459	408	393	424	410
371	341	291	275	306	332	362	432	434	369
546	482	491	503	467	576	560	512	455	455
43	58	66	44	65	90	63	67	48	35
204	205	224	267	188	170	129	163	194	156

Batêmes de diverses Paroisses

ANNE'ES / *Paroisses*	de 1571 à 1580	à 1590	à 1600	à 1610	à 1620	à 1630	à 1640	à 1650	à 1660
Oron					197	268	222		199
Paleisieux					160	162	142	133	161
Corsier		529	491	455	438	458	351	352	348
St. Saphorin & Chèbres		601	630	570	460	561	451	461	475
Cully							235	351	276
Savigni								213	209
Prilly						63	97	66	95
Ecublens			157	161	213	185	184	188	124
Penthaz & Vufflens									128
Granci						220	181	171	120
Lonai								225	236
Morges	370	389	545		348	621	357	545	508
Lussy							141	68	81
Rolle							345	344	226
Begnin						180	131	167	126
Nion									478

Sommés de dix en dix ans.

a 1670	a 1680	à 1690	à 1709	à 1710	à 1720	à 1730	à 1740	à 1750	à 1760
119	180	264	266	271	275	257	24	240	274
160	167	136	170	160	162	206	207	182	168
376	482	476	393	407	446	438	445	470	416
471	516	518	510	524	482	526	620	545	505
270	324	378	296	341	329	373	358	297	330
	234	269	253	307	298	271	267	384	337
78	128	108	88	81	51	94	111	141	134
156	185	155	163	145	119	157	175	182	144
145	150	161	156	171	160	160	180	162	173
121	95	154	143	155	162	93	112	175	165
201	288			153	138	105	184	185	222
517	596	621	576	523	625	621	579	548	606
93	90			53	106	121	106	108	119
296	340	341	225	188	271	347	451	378	384
150	204	211	166	101	117	169	143	118	135
440	398	501	527	535	560	495	509	396	499

Batêmes de diverſes Paroiſſes

ANNE'ES *Paroiſſes*	de 1571 à 1580	à 1590	à 1600	à 1610	à 1620	à 1630	à 1640	à 1650	à 1660
Gingins			243	285	155		249	268	193
St. Livre							149	192	180
Apples						120	105	135	100
l'Abaye								256	220
Le Lieu								264	249
Vallorbe	198	132	117	199	216	220	248	263	255
Romainmotier.								296	330
La Sarra								338	251
Agy							154	166	146
St. Cierge					12[illegible]	109	162	167	200
Daillens					154	242	213	245	169
Meziéres						419	397	467	416
Villarzel						75	99	127	130
Avenches	319	331	269	351	325	313	323	253	280
						13832.	13128	13902	13168

Sommés de dix en dix ans.

à 1670	à 1680	à 1690	à 1700	à 1710	à 1720	à 1730	à 1740	à 1650	à 1760
216	224	227	200	155	177	217	191	193	189
139	141	173			187	236	289	253	236
171	211	146	143	180	173	147	134	183	236
222	190	286	247	248	271	300	283	252	237
		290	189	200	273	289	254	204	240
260	312	321	291	355	339	310	269	238	268
327				346	331	318	351	332	318
274	320	361	282	351	371	350	342	356	325
108	127	128	138	166	154	144	157	162	161
210	248	274	243	214	270	193	282	278	232
141	150	143	168	207	167	125	184	161	148
409	498			486	519	533	596	564	513
103	92	103	77	114	109	80	115	98	66
403	370	321	283	310	251	306	346	304	319
13052	13835	14435	13632	13728	13965	13826	14759	14004	13907

Batêmes de diverſes Paroiſſes.

Paroiſſes	1ere. Epoque avant 1620	2me Epoque de 1621 à 1690	3me. Epoque de 1691 à 1760.
Olon	3714	3636	3268
Gryon	671	630	625
Ormont ſus	3236	2862	2387
Ormont ſous	4185	3495	3150
Rougemont	4133	2568	2510
Chateaud'Oex	5736	4158	3528
Roſſiniére	1729	1514	1267
Montreux	4702	4407	3962
Avenche	2277	2264	2119
Ecublens	1281	1177	1085
Gingins	1557	1606	1322
les 11 *Paroiſſes*	33221	28317	25223

Sommés de 70 en 70 ans, en trois Epoques.

Paroisses	1ere. Epoque avant 1620.	2me. Epoque de 1621 à 690	3me. Epoque de 1691 à 760
Villeneuve	1399	1106	1346
Corsier	3348	2843	3015
St. Saphorin	3957	3453	3712
3 *Paroisses*	8704	7402	8073
Bex	3827	3642	4466
Morges	2891	3765	4078
Vallorbe	1217	1879	2070
3 *Paroisses*	7935	9286	10614
11 Paroisses dont la dépopulation a été progressive.	33221	28317	25223
3 Dont la population a regagné un peu.	8704	7402	8073
3 Dont la population a gagné progressivement.	7935	9286	10614
17 *Paroisses*	49860	45005	43910

Batêmes de diverses Paroisses.

Paroisses	2me. Epoque de 1621 à 1690.	3me. Epoque de 1691 à 1760
Olon	3636	3268
Gryon	630	625
Ormont sus	2862	2287
Ormont sous	3495	3150
Rougemont	2568	2510
Château d'Oex	4158	3528
Rossiniére	1514	1267
Montreux	4407	3962
Avenche	2264	2119
Ecublens	1177	1085
Gingins	1606	1322
Blonai	2580	2294
Noville	1289	1164
Lonai	1662	1151
Granci	1062	1005
Begnin	1169	949
Daillens	1303	1132
Villarzel	729	659
Le Lieu	1873	1649
19 *Paroisses*	39984	35226

Sommés de 70 en 70 en deux Epoques.

Paroisses	2me. Epoque de 1621 à 1690	3me. Epoque de 1691 à 1760.
Villeneuve	1106	1346
Corsier	2843	3015
St. Saphorin	3453	3712
Bex	3642	4466
Morges	3765	4078
Vallorbe	1879	2070
Vevey	5531	5533
La Tour	1059	1181
Aigle	4318	4622
Letiva	390	412
Oron	1460	1824
Paleisieux	1061	1255
Cully	2140	2324
Savigni	1619	2117
Prilli	635	700
Penthaz	1022	1162
Lussi	662	815
Rolle	2207	2243
Nion	3179	3521
St. Livre	1136	1681

Batêmes sommés de 70 en 70 ans.

Paroisses	2me. Epoque de 1621 à 1690	3me. Epoque de 1691 à 1760.
Apples	988	1196
l'Abaye	1650	1838
Romainmotier	1668	2329
La Sarra	2[illegible]02	2377
Agy	967	1082
St. Cierge	1370	1812
Meziéres	2978	3670
27 *Paroisses*	54890	62381
19 Paroisses dont la dépopulation a continué.	39984	35226
27 Qui semblent avoir un peu regagné.	54890	62381
46 *Paroisses*	94874	97607
		94874
		Reste 2723 gain aparent dans le long espace de 70 ans, environ la 20me. partie du Peuple.

TABLE TROISIEME.

DU TEMS

Auquel un Pays doit doubler ſa population, ſur le fondement d'un excédent donné des Batêmes ſur les morts.

Cette table en deux pages, présente d'un côté la tabelle de M. le Professeur Euler, fournie par M. Susmilch, & sert à trouver quel est le tems auquel un pays doit doubler sa population, sur le fondement d'un excédent donné des batèmes sur les morts.

Le chifre 1. à gauche du crochet, c'est l'excédent supose d'un batème.

Les chifres 11. 12. 13. 14. &c. c'est le nombre d'ames, sur lequel se trouve cet excédent supose d'un batème.

Les autres chifres marquent les années & les mois du doublement.

Exemple pour éclaircir.

Soit une ville, village ou hameau, de 11000 ames, de 1100, ou de 110, si chaque année l'excédent des batèmes est $\frac{1}{11}$, le peuple doit doubler en 8 ans.

Soit un autre lieu de 10000 ames ou de 1000, si chaque année l'excédent n'est que $\frac{1}{1000}$, le peuple ne doublera sa population qu'en 693 ans 6 mois.

Cette formule est le fondement de mes calculs sur le doublement du pays.

L'autre page montre les progrés ou la décadence de la population dans chaque Balliage, par l'excédent des batèmes sur les morts, sans aucun égard, au mal de l'émigration.

Les colonnes 2 & 3. présentent le nombre effectif des batèmes & des morts en dix ans. La colonne 4 l'excédent annuel des batèmes, avec le signe *Plus* (*) quand l'excédent est réel, & le signe *moins* (-) quand l'excédent eſt négatif, c'eſt à dire, quand le nombre des morts eſt plus grand que celui des batêmes. La 5me. colonne indique quelle eſt la portion de la totalité du peuple, que chaque Balliage a gagné ou perdu annuellement, par la proportion des naiſſances & des morts. La derniere colonne indique par années & par mois, le tems auquel les Balliages devroient doubler leur population, ou la voir diminuer de la moitié.

Pour plus grande facilité, les chifres ſoulignées ſervent à marquer la diminution, les autres à marquer l'accroiſſement.

Sous le nom de chaque Balliage eſt un chifre, qui marque le total de ſa population; mais il faut obſerver que j'attribue à chaque Balliage, les paroiſſes entiéres dont les Paſteurs réſident dans le Balliage, lors même que la plus grande partie des villages ſeroient d'un autre Balliage.

Ainſi la population effective de Bonmont eſt moins grande qu'elle n'eſt indiquée ici, parce que ſes deux paroiſſes prenent ſur le Balliage de Nion; & au contraire la population d'Oron eſt plus forte qu'elle n'eſt ici indiquée, parce qu'il y a des villages compris dans les paroiſſes d'autres Balliages.

TABLE

Du tems auquel un pays doit doubler.

Formule de M. le Professeur EULER.

	11 : 8 ans		21 : 14. 11		32 : 22. 6		55 : 38. 6
	12 : 8. 7		22 : 15. 7		34 : 23. 11		60 : 41. 11
	13 : 9. 4		23 : 16. 3		36 : 25. 3		65 : 45. 5
	14 : 10.		24 : 17.		38 : 26. 8		70 : 48. 10
1	15 : 10. 9	1	25 : 17. 8	1	40 : 28.	1	75 : 52. 4
	16 : 11. 5		26 : 18. 3		42 : 29. 6		80 : 55. 9
	17 : 12. 1		27 : 19.		44 : 30. 10		85 : 59. 3
	18 : 12. 8		28 : 19. 9		46 : 32. 3		90 : 62. 9
	19 : 13. 6		29 : 20. 6		48 : 33. 7		95 : 66. 2
	20 : 14. 3		30 : 21. 6		50 : 35.		100 : 69. 8

	110 : 76. 7		210 : 145. 11		310 : 215. 3		410 : 284. 6
	120 : 83. 6		220 : 152. 10		320 : 222. 2		420 : 291. 6
	130 : 90. 6		230 : 159. 9		330 : 229. 1		430 : 298. 5
	140 : 97. 4		240 : 166. 9		340 : 236.		440 : 305. 4
1	150 : 104. 4	1	250 : 173. 8	1	350 : 242. 11		450 : 312. 3
	160 : 111. 3		260 : 180. 6		360 : 249. 10	1	460 : 319. 2
	170 : 118. 2		270 : 187. 6		370 : 256. 10		470 : 326. 2
	180 : 125. 2		280 : 194. 6		380 : 263. 9		480 : 333.
	190 : 132.		290 : 201. 4		390 : 270. 8		490 : 340.
	200 : 139.		300 : 208. 3		400 : 277. 7		500 : 346. 11
							1000 : 693. 6

* Par l'excédent des Batêmes.

Balliages	Batêmes en 10	Morts ans.	Excéd. annuel	quelle portion de la totalité	Tems du doublement
Rougemont *partie romande* 3864	989	1027	- 3 $\frac{8}{10}$	$\frac{1}{1002}$	695
Aigle 10372	2769	2632	* 13.7	$\frac{1}{757}$	525. 4
Vevey 8156	2049	2076	- 2. 7	$\frac{1}{3021}$	2095
Oron 1695	440	274	* 16.6	$\frac{1}{102}$	71
Lausanne 21702	6277	4956	*132.1	$\frac{1}{164}$	114. 5
Morges 12322	3402	2316	*108.6	$\frac{1}{114}$	79. 6
Nion 5652	1648	1067	* 58.1	$\frac{1}{97}$	67. 6
Bonmont 1718	483	431	* 5. 2	$\frac{1}{330}$	229. 1
Aubonne 5518	1717	1105	* 60.8	$\frac{1}{91}$	63. 5
Romainmotier 10380	3133	2146	* 98.7	$\frac{1}{105}$	73. 2
Yverdon 15900	4474	3432	*104.2	$\frac{1}{153}$	106. 6
Moudon 9519	2533	2142	* 39.1	$\frac{1}{243}$	169
Payerne 2194	561	534	* 2. 7	$\frac{1}{812}$	563
Avenches 3959	1085	900	* 18.5	$\frac{1}{214}$	149
Tout le pays 112951	31556	25038	*651.8	* $\frac{1}{173}$	120. 6

TABLE QUATRIÈME

CONTENANT

Une liste des pestes qui ont régné dans la Suisse.

EXPLICATION

DE LA TABLE IV.

QUoiqu'il n'y ait ſur chaque peſte, qu'un petit nombre d'endroits indiqués, quelquefois même qu'un ſeul lieu ; il ne s'enſuit pas, que la peſte ne fût en divers autres lieux, & même dans la généralité du pays, mais je n'indique que les lieux qui m'ont fourni par occaſion, des preuves que la peſte y régnoit.

Peſtes qui ont régné dans la Suiſſe.

Années	Lieux	DETAILS ET AUTORITE'S.
1313	Basle	Preſque toute l'Europe ſe vit affligée cette année-là de la peſte. Elle fut très grande, ſurtout en Allemagne & en Suiſſe. Il mourut à Basle juſques à quatorze mille ames. Ce terrible fleau fut ſuivi d'une grande famine. *Fragmens hiſtor. de la ville de Berne.*
1318	Suiſſe	La peſte ſe joignit encore au fleau de la guerre, dont la Suiſſe étoit déja affligée. *Fragmens hiſtoriques.*
1349	Suiſſe	Peſte qui enleva les deux tiers de l'Europe, fut auſſi funeſte en Suiſſe. *d'Alt.*
	Basle	4000 morts à Basle. *Stettler.*
	Berne	60 morts par jour. *Idem.*
1439	Diocéſe de Lauſanne	Une peſte horrible ravageoit le Diocéſe de Lauſanne. *Manuſcrit de la Biblioth. concernant le Concile de Basle.*

Pestes qui ont régné

Années	Lieux	DETAILS ET AUTORITE'S.
	Berne	Grande mortalité, souvent 24 personnes par jour. *Stettler.*
1450 1451	Vevey & la Tour	Ces deux années-là, moururent à Vevey & la Tour 1400 personnes. La Tour reduite à 60 feux, de 75 qui y étoient en 1440. *Archives de la Tour.*
1477	Berne	Moururent beaucoup de femmes & de petits enfans. *Stettler.*
1502	Basle	Moururent 5000 ames. *Idem.*
	Berne	Mourut bien du monde. *Idem.*
	Geneve	La peste emporta aussi beaucoup de monde à Geneve. *Spon.*
1504	Geneve	La peste y duroit encore. *Spon.*
1519	Lausanne	En Septembre ordre pour la sépulture des pestiferés. *Archives.*
1521	Lausanne	La peste y étoit. *Achives.*
1527	Les environs.	Gardes aux portes de Lausanne, pour ne laisser entrer personne suspect de peste. *Régistres du Conseil.*

Dans la Suiſſe.

Années	Lieux	DETAILS ET AUTORITE'S.
1528	Lauſanne	Peſte en Mars, & ordonnance pour les manans. Pluſieurs Bourgeois de Lauſanne s'étant retirés à Ecublens à cauſe de la peſte, on y établit à leur occaſion une boucherie. 15 Octobre on n'échauffe pas les fourneaux à la maiſon de ville, à cauſe de la peſte qui régnoit encore dans la ville. *Régiſtres de la ville.*
1529	Vevey	24 Aouſt, le Conſeil de Lauſanne défend d'aller à Vevey, qui étoit ravagée de la peſte. *Régiſtres de Lauſanne.*
	Montreux	*Teſtament d'un homme qui s'en dit atteint.*
1530	Environs de Lauſanne	Peſte duroit encore à l'entour de Lauſanne. *Régiſtres de la ville.*
	Geneve	La peſte auſſi à Geneve. *Spon.*
1531	Lauſanne	Peſte encore à Lauſanne, & aux environs. *Régiſtres de la ville.*

Pestes qui ont régné

Années	Lieux	DETAILS ET AUTORITE'S.
1532	Lausanne	Peste à Lausanne. *Ibidem.*
	Le Pays	M. Ruchat parlant de quelques réglemens de la ville de Vevey, pour la reformation des mœurs, dit que la peste qui ravageoit alors le pays, put y avoir quelque part. *Histoire de la reformation.*
1542 1543	Berne	A Berne & aux environs, mourut beaucoup de monde. *Stettler.*
1545	Geneve	Moururent 2000 personnes. *Spon.*
1564	Berne	Terrible peste. En Aoust périt beaucoup de monde. *Stettler.*
	Basle	Depuis le printems jusques en Novembre, moururent 7000 ames. *Idem.*
	Lausanne	La peste y régnoit. Le 5. Octobre ordre communiqué au Conseil de suspendre les montres, qui devroient se faire le Lundi suivant pour la venuë du nouveau Ballif. *Régistres de la ville.*

Dans la Suiſſe.

Années	Lieux	DETAILS ET AUTORITE'S.
1565	Berne	La peſte ſe renouvelle en Juin. *Stettler.*
	Lauſanne	La peſte y étoit auſſi. *Régiſtres de la ville.*
	Pays de Vaud.	Foires de Lauſanne, de Villeneuve, & d'Aigle, contremandées d'un an, à cauſe de la peſte qui étoit en divers endroits. *Régiſtres de Lauſanne.*
	Ormont	A Ormont deſſous en 24 heures, une mere & ſes enfans moururent de peſte. La frayeur étoit ſi grande, que pour faire emporter les morts, les parens étoient obligés de payer ſix crones, & d'en promettre vingt autres à la St. Martin. *Stettler.*
	Canton de Berne	Beaucoup de miniſtres moururent de la ville & du pays. Les deux années 1564 & 1565 moururent plus de trente mille ames dans le canton. Ces peſtes venoient d'Allemagne, & montoient depuis le Rhin. *Idem.*
1566	Lauſanne	La peſte y étoit. *Régiſtres de ville.*

Pestes qui ont régné

Années	Lieux	DETAILS ET AUTORITE'S.
	La Tour	En Fevrier, Juin, & Aoust, divers testamens de personnes atteintes de peste. *Archives.*
	Montreux	*Testament d'un mari & d'une femme*, tous deux morts de cette maladie. Le testament du mari dicté depuis la fenêtre.
1567 à 1572	Geneve	Peste qui emporta bien du monde. *Spon.*
1577	Berne	La peste régna dès la sainte Marguerite jusqu'à Noël. Mouroient souvent plus de 20 personnes en un jour. *Stettler.*
1579	Olon	Sur la fin de Septembre mourut de peste, *Jean Sauge* de Payerne Pasteur. *Régistres de Cure.*
1582	Bex	La peste y régna depuis Décembre jusqu'en Mars 1583. *Régistres de Cure.*
1583	Boetzberg	Sur une paroisse qui est actuellement de 792 ames, il en mourut de peste 126. *Régistres de Cure.*

Dans la Suisse.

Années	Lieux	DETAILS ET AUTORITE'S.
	Munthal	A Munthal près de Brug, paroisse de 253 ames, la peste enleva 129. *Régistres de Cure.*
1587	Romain-motier	Le 30 Juillet mourut de Peste, la Dame Ballive du Lieu, âgée de 28 ans. Cette peste est qualifiée de *sævissimus pestis ardor.* *Epitaphe.*
1596	Ormont	Dans la paroisse d'Ormont dessous, 700 personnes en moururent. *Régistres de Cure.*
1597	Vevey & autres lieux.	La Classe de Morges étant assemblée à Rolle, le 4 Aoust, un Ministre de la Classe est absent, parce que ses enfans ont la peste. Un autre absent aussi, pour être allé à Vevey, visiter un sien ami, malade de peste. *Régistres de Classe.*
1598	Geneve	La peste y étoit, mais ne fit pas de grands ravages. *Spon.*
	St. Cergue	Le 7 Mai fut batisé un enfant dans un pré où l'on prêchoit, à cause de la peste qui étoit au village. *Régistres de Cure.*

Années	Lieux	DETAILS ET AUTORITE'S.
1603	Villeneuve	Le Pasteur mourut de peste. *Archives.*
1608 1609 1610 &c.	Ormont	A Ormont dessus, il y eut peste dès 1608 à 1612. le Pasteur Caviot en mourut. *Feuille de remarques* jointe au livre de Cure.
1611	Berne	Sur la fin de Novembre, mouroient 22 personnes d'un jour. Elle dura jusqu'à l'année suivante. Il perit en tout 800 personnes. Dans la campagne & surtout dans l'Argeu, la peste étoit si violente, que depuis 1564. on n'en avoit pas vu d'aussi grande. Il mourut beaucoup de Ministres. *Stettler.*
	Boetzberg	A Boetzberg moururent 83 personnes.
	Munthal	A Munthal 22.
	Lentzburg	A Lentzburg, paroisse qui est actuellement de 1143 ames, moururent 300 personnes dès Aoust 1611 jusqu'en Avril 1612. *Régistres de Cures.*
1612	Montreux	*Testament d'un particulier* atteint de peste, & dicté depuis la fenêtre.

Dans la Suisse.

Années	Lieux	DETAILS ET AUTORITE'S.
	La Tour	Le 25 Novembre *testament* d'une personne atteinte de peste
	Gessenai	Dans tout le Balliage de Gessenai, qui est d'environ 8000 ames, il en mourut de peste 2500. *Manuscrit de famille* à Château d'Oex.
	Canton de Berne	Cette année-là & la suivante, il y eut une peste terrible, qui fit un ravage incroyable, & dans la Capitale & dans tout le Pays. Il y eut des villes qui furent presque desertées, tellement que l'on vit par tout, l'herbe croître par les rues & sur les toits. *Ruchat.*
1613	Vevey	Plus de 1500 personnes en moururent, & tous les Ministres. *Régistres de Cure.*
	La Tour	Le Pasteur Fendinand Poisat en mourut. *Régistres de Cure.* Depuis le mois d'Avril jusqu'en Octobre se trouvent des testamens de particuliers atteints de peste. *Archives, & Régistres Notariaux.*

Pestes qui ont régné.

Années	Lieux	DETAILS ET AUTORITE'S.
	Bex	N'en est plus parlé dès le mois d'Octobre: paroît avoir commencé en Juin. *Régistres de Cure.*
	Corsier	Y ayant vacance d'un Pasteur à Corsier, la Classe s'assemble en Juillet à Cully, à cause de la contagion grande à Vevey. *Régistres de Cure.*
	Classe de Lausanne	La peste emporta jusqu'à 12 Ministres dans la seule Classe de Lausanne. C'étoit un de quatre. *Ruchat.*
1614	Lausanne	Le 17 Janvier, assistances données à une famille malade de peste. *Régistres de ville.*
1615 1616	Geneve	Une peste aportée de Piémont, dont il mourut plus de 4000 ames. *Spon.* NB. n'étoit donc pas une suite de celle qui avoit duré au Pays depuis 1608 à 1614.
1626 1627 1628	Ormont	A Ormont dessus, est une lacune dans les régistres, dès le 11 Juin 1626 au 7 Decembre 1628. attribuée à la grande peste qui régnoit alors. En 1628 le Pasteur non presenté à cause de la peste. *Régistres de Cure.*

Dans la Suisse.

Années	Lieux	DETAILS ET AUTORITE'S.
	La Tour	Le Pasteur Marcuard de Beauchateau mourut de peste. Son successeur fut presenté le 14 Octobre. *Régistres de Cure.*
	Pays de Vaud.	Il y eut dans le Pays une peste, qui y fit de nouveaux ravages. Il y a lieu de croire qu'elle étoit une suite de la famine qui avoit affligé le pays 7 ou 8 ans durant. Les pauvres gens mangeoient des herbes, & tout ce qu'ils pouvoient rencontrer. A Yens, quelques paysans s'étant avisés de faire du pain de gland, eux & leurs voisins en firent leur nourriture. Le sac de froment se vendoit 80. florins. *Ruchat.*
	Berne	Il mourut à Berne 2492 personnes. Jeune à ce sujet. L'année suivante, il en mourut encore 264. Le Pays de Vaud souffrit aussi beaucoup de la famine. *Fragmens historiques.*
	Hidelbank	Peste en 1628 & 1629 il mourut 71 personnes. La paroisse de 518 communians. *Régistres de Cure.*

Années	Lieux	DETAILS ET AUTORITE'S.
1629	Vevey	6. Aoust, réglemens faits au sujet de la peste. *Régistres de ville.* 25. Octobre est batisé à Paleysieux, l'enfant d'un homme de Vevey, qui s'y étoit refugié à cause de la peste. *Régistres de Cure à Paleysieux.*
	Paleysieux	En Fevrier 1630. fut batisé l'enfant posthume d'un homme de Paleysieux; mort de peste en 1629. *Régistres de Cure.* NB. La peste vraisemblablement apportée depuis Vevey, par ceux qui s'étoient refugiés à Paleysieux.
	Ormont	La peste étoit à Ormont dessus. *Régistres de Cure.*
	Bex	Dès Juillet à mi Décembre. Le Pasteur Jaques Bron mourut en Aoust. *Régistres de Cure.*
	Pully	La peste commença le 4 Avril, & continua jusqu'au 13 Décembre de l'année suivante. Moururent à Pully 195 personnes, à Belmont 93. *Régistres de Cure.* NB. Pully est de 753 ames. Belmont 194.

Dans la Suiſſe.

Années	Lieux	DETAILS ET AUTORITÉS.
	Nion	La Claſſe étant aſſemblée à Aubonne le 14. Juillet, ceux d'Aubonne ſont ſcandaliſés de l'entrée dans leur ville, du Miniſtre de Nion, occaſion de la contagion, qui eſt ſi violente au dit Nion. *Régiſtres de Claſſe.*
	Coſſonai	Le Miniſtre mort de peſte, eſt remplacé le 30. Novembre. *Régiſtres de Claſſe.*
1630	Ecublens	Au pied de la *lettre de Bourgoiſie* de la famille Muret pour le dit lieu, ſont indiqués deux garçons morts de peſte à Ecublens.
	Begnin	Le 14. Juin, eſt batiſé le fils poſthume d'un homme mort de peſte à Begnin peu avant la naiſſance de l'enfant. *Régiſtres de Cure.*
	Coſſonai	La peſte y étoit encore le 17. Juin. *Régiſtres de Claſſe.*
	Biére	Le Miniſtre abſent de la Claſſe le 17. Juin, parce qu'il eſt occupé à la conſolation des malades peſtiferés en ſon Egliſe. *Régiſtres de Claſſe.*
	Divers lieux	Les viſites d'Egliſes retranchées dans la Claſſe de Morges, par délibération du 9. Février, conſidérée la contagion qui étoit en divers lieux. *Régiſtres de Claſſe.*

Années	Lieux	DETAILS ET AUTORITE'S.
1632 1633	Bex	Sur le *Régistre de Cure* se trouve cette note ; dès 26. Juillet 1632. au 23. Juin 1633. rien d'inscrit, à cause des tristes accidens survenus.
1634	Boetzberg	Il y eut peste, mais ne fit pas grand mal. Les morts au nombre de 38.
1635		La peste continua l'année suivante, 50 personnes en moururent. *Régistres de Cure.*
	Lentzburg	Moururent 187 personnes dès le mois de Septembre. *Régistres de Cure.*
1636	Vevey	*Testament d'une pestiferée*, prononcé aux Guérites, qui étoit un Lazaret : les Corbeaux témoins.
1637 1638	Rolle Mont	La peste à Rolle & Mont, dura encore en Mont, les mois de Septembre & d'Octobre. *Régistres de Cure.*
	Marsin	Etoit un village de la paroisse de Vich, que cette peste doit avoir détruit.
	Arsier	Isaac Polin Pasteur y mourut de peste. Sa veuve s'étant retirée à Begnin, eut un fils posthume batisé à Begnin le 15 Septembre. *Régistres de Begnin.*

Dans la Suiſſe.

Années	Lieux	DETAILS ET AUTORITE'S.
	Pully	Cette année là & la ſuivante, la peſte emporta 137 perſonnes de Pully & du Port. Jeune public dans les 4 Cantons Evangeliques le 4 Avril 1739. *Régiſtres de Cure.*
1639	Romainmotier	Y mourut de peſte, Jean Jaques le Merle Paſteur, dont le poſte à cauſe de la contagion fut deux mois vacant.
	La Tour	Salomon de la Fontaine Paſteur, mourut de peſte en Septembre. *Régiſtres de Cure.*
	Roſſiniére	Un François, nommé François Repouſſeau s'enfuit, & laiſſa ſon Egliſe au fort de la peſte. *Régiſtres de Cure.*
1640	Gryon	On trouve cette note dans le Régiſtre de Cure, *Quo tempore graſſabatur peſtis, & extincti fuerunt* 32 *maximè juvenes*, la paroiſſe eſt de 346 ames.
	Luſſy	Préciſément à cette date, le Régiſtre baptiſtaire diminue tout d'un coup de la moitié, quoique le même Miniſtre continue les inſcriptions. La peſte ſans doute, avoit déſolé cette paroiſſe.

Pestes qui ont régné en Suisse.

Années	Lieux	DETAILS ET AUTORITE'S.
1652	Divers lieux	5. Aoust, Jeune public à cause des calamités publiques. Peste en plusieurs lieux. *Régistres de Pully.*
1654	Vevey	Le Conseil de santé régle les fonctions du Chirurgien en tems de peste. Et ce Chirurgien venoit d'être établi exprès. *Régistres de Ville.*
1667	Boetzberg	La peste y étoit, mais n'emporta que 35 personnes. Elle continua l'année suivante, & il mourut 81 personnes. *Régistres de Cure.*
	Hindelbank	Cette année là & la suivante, moururent 87 personnes. *Régistres de Cure.*
1668	Umichen	La peste fit beaucoup de ravages, sur une paroisse de 638 ames, il y mourut 236 personnes. *Régistres de Cure.*

TABLE CINQUIEME

CONTENANT

L'ordre de mortalité de plusieurs Paroisses au Pays de Vaud, tiré de quarante trois Régistres.

EXPLICATION

CEtte table présente l'ordre de mortalité de 43. paroisses établi sur les Régistres mortuaires des dites paroisses.

Si l'âge des morts étoit indiqué dans tous nos Régistres, on auroit pu établir une plus grande uniformité, en se procurant de chaque paroisse, le dépouillement du mortuaire pour un certain nombre d'années, 15 ans, 20 ans, ou d'avantage, afin d'éviter l'inconvenient des années épidémiques, dont l'ordre de mortalité est très différent.

Le chifre sous les noms de chaque paroisse, est pour marquer le nombre d'années & de mois, sur lequel est établie la table pour cette paroisse. Par exemple, Vevey 12 ans 8 mois, Blonai 8 ans, Montreux 10 ans 3 mois. Dans quelques années on pourroit avoir plus de matériaux.

La table de chaque paroisse en deux colonnes, dont la premiere indique le nombre de personnes qui restent en vie à chaque âge. Par exemple, le calcul établi pour Vevey étant sur 1038 morts, tous ces morts vivoient à l'instant de leur naissance; 214 sont morts au dessous d'un an, donc sur les 1038. il y en a 824 qui ont vécu jusques à l'âge d'un an revolu. La deuxieme colonne marque la vie moyenne de chaque âge, c'est-à-dire, le quotient des années qu'ont vécu toutes ensemble depuis cet âge, les personnes qui restoient alors en vie.

Au bas de la page est le terme moyen, c'est

à-dire, l'âge au dessous & au dessus duquel, il est mort le même nombre de personnes.

Immédiatement au dessous des âges, est une vie moyene, composée du calcul moyen de toutes les vies moyenes dans les divers âges. Par exemple à Vevey, la vie moyene d'un enfant de naissance est 38 ans 8 mois, c'est-à-dire, que les 1038. personnes ont vécu l'une comportant l'autre 38 ans 8 mois. Le terme moyen est 45 ans, c'est-à-dire, qu'il y a autant de personnes qui sont parvenues à cet âge, qu'il y en a de mortes au dessous. La vie moyene composée est 27 ans 6 mois, c'est-à-dire, qu'en sommant toutes les vies moyenes, depuis la naissance jusqu'à 85. ans, le nombre moyen sera 27 ans 6 mois.

On sera surpris qu'il y ait des paroisses, où la probabilité de la vie est plus forte à 85 ans qu'à 80. la raison de cette irrégularité est, que ne restant à cet âge avancé qu'un petit nombre de personnes, 2 ou 3 ou 4. s'il arrive qu'une atteigne les 97 ou 98. cette seule personne suffit pour augmenter la probabilité, ce qui n'arrive pas dans la table generale des 43 paroisses, où le nombre de ceux qui vivent encore à 85 ans, est de 291.

Ordre de mortalité

Paroisses	Vevey 12. 8		Blonai 8. 0		Montreux 10. 3.		Noville 14 8	
Ages	Restans	Vies moyenes	Restans	Vies moyenes	Restans	Vies moyenes	Restans	Vies moyenes
0	1038	38.8	276	32.9	536	36.2	208	29.6
1	824	47.8	219	40.2	428	44.2	160	37.8
2	776	49.8	207	41.6	404	45.9	152	38.8
5	721	50.3	181	44.3	371	46.8	137	39.1
10	684	47.11	164	43.7	350	44.4	124	37.11
15	669	43.11	152	41.11	336	41.	120	34.2
20	645	40.6	146	38.6	320	38.	113	31.
25	627	36.6	141	34.9	304	34.9	104	28.6
30	609	32.6	130	32.6	294	30.11	98	25.2
35	582	29.	120	30.1	275	27.8	95	20.11
40	548	25.6	115	26.3	263	24.	87	17.6
45	519	21.10	111	22.1	244	20.8	71	15.6
50	473	18.7	100	19.3	222	17.5	55	14.6
55	413	15.10	94	15.3	197	14.3	43	13.
60	352	13.	77	13.0	154	12.4	33	10.10
65	280	10.7	64	10.0	123	9.8	24	8.9
70	188	9.	48	7.3	77	8.7	12	9.2
75	131	6.9	29	5.6	55	6.1	8	7.3
80	63	5.11	13	3.10	21	5.4	4	3.9
85	24	5.8	4	1.6	10	4.1	1	2.6
Vie moyene	27	6	25	2	25	7	21	3
terme moyen	45	0	25	10	39	1	25	6

Tiré de 43 Régiſtres.

Aigle 12. 8		Leyzin 24. 9		Bex 15. 3		Gryon 14. 0	
Reſtans	Vies moyenes	Reſ. tans	Vies moyenes	Reſtans	Vies moyenes	Reſtans	Vies moyenes
691	35.6	191	50.7	860	36.	125	45.11
548	43.7	165	57.6	697	43.3	115	48.6
516	45.3	163	57.3	657	44.10	111	49.3
479	45.8	161	54.11	602	45.10	101	50.11
439	44.8	158	50.10	559	44.3	97	47.11
427	40.10	155	46.10	537	40.1	95	43.11
412	37.3	152	42.8	515	37.7	92	40.3
394	38.9	148	38.9	494	34.1	88	36.11
382	29.9	143	35.	469	30.9	86	32.9
363	26.3	140	30.8	440	27.7	82	29.2
339	22.11	139	25.10	410	24.6	77	25.11
314	19.6	135	21.6	383	21.0	74	21.10
280	16.6	127	18.6	355	17.6	69	18.7
243	13.7	115	14.6	315	14.4	62	15.
200	11.	97	11.4	258	11.11	53	10.
152	8.4	79	8.3	198	9.10	41	9.10
94	7.1	45	7.2	138	8.	28	8.1
50	5.9	24	6.1	86	6.3	20	5.5
22	4.0	10	4.8	41	5.6	6	6.4
5	3.8	3	5.6	18	4.9	3	4.6
Vie moyene	24.9	29	5	25	5	27	7
terme moyen	39.2	61	0	36	2	54	4

Ordre de mortalité

Paroisses	Ormont fus 11.		Ormont fous 13.		Chateau l'Oex 18.		Letivaz 18.	
Ages	Reftans	Vies moyenes	Reftans	Vies moyenes	Reftans	Vies moyenes	Reftans	Vies moyenes
0	348	45.3	523	35.9	943	42.	82	42.10
1	282	46.6	388	46.11	800	48 5	69	49.10
2	269	47.9	373	47.9	765	49.7	68	49.7
5	249	48.5	344	48.8	727	49.2	65	48.9
10	233	46.8	331	45.6	688	46.10	61	46.11
15	226	43.1	322	41.8	671	42.11	60	42.8
20	224	38.5	315	37.6	650	39.3	59	38.4
25	217	34.7	305	33.7	626	35.7	59	33.4
30	208	31.	291	30.2	605	31.9	56	30.
35	201	27.	288	25.6	578	28.2	55	25.6
40	186	23.11	276	21.4	538	25.	50	22.8
45	175	20.2	251	18.2	507	21.3	46	19.5
50	153	17.8	219	15.6	465	18.1	40	16.10
55	140	14.	195	12.	413	15.1	37	13.1
60	113	11.8	137	10.10	352	12.2	28	11.4
65	92	8.7	105	8.4	285	9.4	20	9.8
70	53	7.7	64	7.	192	7.6	15	7.
75	29	6.4	38	5.	117	5.8	8	4.11
80	16	4.4	15	3.9	59	4.1	3	3.2
85	3	4.6	4	2.6	16	2.7	0	
Vie moyene	26	4	25	0	26	9	25	9
terme moyen	45	3	43	5	49	2	49	3

Tiré de 43 Régistres.

Rossiniére 28. 5		Corsier 22. 8		St. Saphorin 19. 3		Chébres 40.	
Restans	Vies moyenes	Restans	Vies moyenes	Restans	Vies moyenes	Restans	Vies moyenes
482	40.10	744	35.1	290	36.10	1088	34.6
407	47.3	583	43.8	233	44.9	872	41.11
380	49.7	543	45.10	222	45.11	817	43.9
348	51.	494	47.3	200	47.9	732	45.8
328	49.	462	45.4	190	45.2	663	45.2
318	45.6	444	42.1	185	41.4	637	41.11
309	41.8	424	38.11	179	37.7	615	38.4
305	37.1	411	35.	171	34.3	587	35.
301	32.9	390	31.8	165	30.5	567	31.1
289	28.10	381	27.5	155	27.2	548	27.1
279	24.10	356	24.1	145	23.10	514	23.7
264	21.1	332	20.7	138	19.10	481	20.1
240	17.11	300	17.4	120	17.4	422	17.6
216	14.7	285	13.1	110	13.8	393	13.6
179	11.9	207	11.7	87	11.3	296	11.7
149	8.6	167	8.7	69	8.6	232	9.
98	6.8	88	8.	40	7.6	150	7.2
52	5.4	60	5.4	21	6.7	87	5.4
20	3.9	17	4.7	7	7.4	30	4.3
7	2.6	5	3.8	3	6.10	10	2.4
27	0	25	5	25	8	24	11
50	0	39	0	35	6	35	8

Ordre de mortalité

Paroisses	Vilette 8. 5		Savigni 12. 8		Pully 35.		Lausanne 10.	
Ages	Restans	Vies moyenes	Restans	Vies moyenes	Restans	Vies moyenes	Restans	Vies moyenes
0	121	37.4	316	33.7	812	34 2	1956	33.5
1	104	42.4	253	40.10	635	42.5	1494	42.7
2	97	44.4	240	42.	592	44.5	1393	45.5
5	83	48.6	21[illegible]	43.6	533	46.3	1263	46.11
10	79	45.10	19[illegible]	42.7	483	45.1[illegible]	1148	46.6
15	76	42.7	18[illegible]	39 9	466	42 6	1104	43.1
20	74	38.9	17[illegible]	36.1[illegible]	452	38.8	1061	39.9
25	73	34 2	17[illegible]	33.	438	35.	1020	36 3
30	71	30.6	163	29.6	414	31.8	977	32.9
35	68	26.4	153	26.3	391	28.4	946	28.8
40	65	22.5	140	23.5	370	24.10	883	25.6
45	63	18 1	128	20.4	346	21.4	833	21.10
50	56	15.	114	17.6	314	18 3	750	19.
55	51	11.3	10[illegible]	14.	292	14 4	693	15.3
60	42	8.	78	12.4	232	12.3	548	13 8
65	27	5.9	5[illegible]	11.1	182	9.11	454	11.
70	9	6.6	42	8.9	125	8.1	349	8.6
75	4	7.3	2[illegible]	7.2	81	7.1[illegible]	250	5.10
80	1	15.6	12	6.9	25	7.1	119	4.7
85	1	10.6	6	3.	12	7.	40	4 2
Vie moyene	25 6		24 7		26 0		26 3	
terme moyen	4[illegible] 5		31 2		31 6		29 6	

Tiré de 43 Régiſtres.

Rolle 13.		Burſins 5.		Nion 5. 6		Gingins 10.	
Reſtans	Vies moyenes	Reſtans	Vies moyenes	Reſtans	Vies moyenes	Reſtans	Vies moyenes
294	37.4	101	37.3	166	45.	155	34.
237	45.2	82	44.10	150	48.10	123	41.9
227	46.1	76	47.6	145	49.6	119	42.2
204	48.2	70	48.3	135	50.	110	42.5
193	45.9	67	45.3	133	45.9	95	43.9
189	41.9	66	40.9	127	42.10	90	41.
183	38.	62	38.6	121	39.11	88	36.10
177	33.7	59	35.2	115	36.10	85	33.
169	31.1	54	33.1	109	33.8	80	29.10
156	28.	51	29.10	105	29.10	74	26.9
149	24.3	47	27.2	101	25.11	73	21.11
136	21.4	46	22.7	96	22.2	63	20.6
119	19.	39	18.5	85	19.7	56	19.7
102	16.9	34	15.8	78	16.3	51	14.2
83	15.	30	12.6	64	13.10	38	12.10
69	12.9	24	9.6	52	11.7	30	10.1
54	10.6	15	7.10	34	10.10	20	8.8
39	8.6	10	5.	28	7.9	14	6.6
25	7.	2	4.6	17	6.3	6	6.10
14	5.8	0		8	5.10	4	4.3
26	9	26	2	28	1	24	10
41	2	37	3	51	0	33	3

Ordre de mortalité

Paroisse.	St. Cergue 38.		Gimel 15. 9		Aubonne 8. 3.		Etoi 7.	
Ages	Restans	Vies moyenes	Restans	Vies moyenes	Restans	Vies moyenes	Restans	Vies moyenes
0	96	47.5	396	40.4	294	29.10	94	43.7
1	88	50.8	334	46.9	239	31.5	89	45.
2	86	50.10	311	49.2	211	39.3	81	48.4
5	81	51.	285	50.6	117	43.11	75	49.3
10	77	48.6	268	48.7	157	43.10	74	44.10
15	74	45.11	261	44.10	152	40.2	73	40.4
20	73	41.	254	41.	142	37.10	70	37.
25	73	36.	247	36.8	134	34.11	66	34.1
30	67	33.10	239	33.3	129	31.2	63	30.7
35	66	29.3	233	28.9	123	27.6	61	26.8
40	56	28.10	220	25.6	115	24.3	53	25.1
45	54	24.9	208	21.10	105	21.3	48	22.3
50	50	21.5	190	18.8	92	18.10	44	19.1
55	46	18.	173	15.3	82	15.9	41	15.3
60	37	16.7	145	12.6	66	13.10	35	12.3
65	34	12.8	115	10.1	58	10.4	29	9.2
70	26	10.2	74	9.	43	7.10	20	7.
75	21	6.8	54	6.4	27	6.1	11	5.7
80	10	5.1	23	5.2	9	7.2	3	5.2
85	4	4.6	7	5.6	3	10.6	1	7.6
Vie moyene	29	2	27	5	24	10	26	5
terme moyen	52	3	48	6	17	3	46	0

Tiré de 43 Régiſtres.

St. Livre 20. 6		Apples 13. 8		Pampigni 15. 8		Lisle 21.	
Reſ. tans	Vies moyenes	Reſ-tans	Vies moyenes	Reſ-tans	Vies moyenes	Reſ-tans	Vies moyenes
329	38.8	170	41.	195	38.8	236	42.9
267	46.7	147	45.8	161	45.8	205	48.2
251	48.7	141	46.8	153	47.1	197	49.2
236	48.7	133	46.4	135	49.11	183	49.9
215	48.2	126	43.10	128	47.10	169	48.9
208	44.9	120	40.11	123	44.8	165	44.10
206	40.2	118	36.7	120	40.9	160	41.2
201	36.2	109	34.6	117	36.8	150	38.9
197	31.9	101	31.11	113	33.	144	35.3
190	27.10	99	27.6	108	29.4	140	31.2
182	23.11	94	23.9	100	26.5	134	27.5
169	20.7	89	19.11	92	23.6	129	23.4
154	17.3	79	17.	84	20.5	115	20.8
134	14.6	70	13.10	77	16.11	113	16.1
110	11.11	54	11.11	65	12.3	99	12.8
82	10.1	40	10.6	49	9.11	83	9.6
48	9.10	27	8.6	37	6.11	50	8.4
38	6.9	19	5.11	21	4.11	33	5.11
20	5.2	8	5.	4	5.3	8	7.10
10	2.9	3	3.2	1	2.6	6	4.4
26	8	25	9	27	2	28	3
46	8	47	10	42	0	49	2

Ordre de mortalité

Paroiſſes	Daillens 15. 6		Morens 13.		Moudon 17. 9		Siens 14.	
Ages	Reſtans	Vies moyenes	Reſtans	Vies moyenes	Reſtans	Vies moyenes	Reſtans	Vies moyenes
0	162	44.6	196	32.	912	36.10	187	36.6
1	139	50.9	143	42.7	751	43.4	153	43.6
2	136	50.10	136	43.5	700	45.10	142	45.9
5	131	49.9	128	43.4	636	47.3	124	49.3
10	123	47.10	121	40.9	590	45.10	113	48.10
15	117	45.2	117	37.	561	43.	112	44.1
20	114	41.3	106	35.8	539	39.8	110	40.1
25	109	38.0	100	32.8	526	35.7	107	36.2
30	103	35.1	96	28.11	511	31.7	104	32.1
35	101	30.8	93	24.8	488	27.11	102	27.8
40	97	27.10	85	21.9	452	24.9	96	24.3
45	90	23.8	79	18.2	438	20.6	93	19.11
50	86	19.8	62	17.1	381	18.1	82	17.1
55	81	15.6	58	13.	343	14.8	70	14.6
60	68	13.	42	11.7	282	12.1	56	12.2
65	55	10.3	37	7.9	226	9.5	43	9.11
70	41	7.8	20	6.	151	7.7	30	8.1
75	22	6.10	11	3.	88	6.	21	5.5
80	13	5.	1	5.6	36	5.2	6	6.4
85	5	5.8	1	0.6	14	4.1	2	9.
Vie moyene.	28	5	23	3	26	0	26	6
terme moyen	55	0	29	0	39	4	44	3

Tirée de 43 Régiſtres.

S. Cierge 13.		Doneloye 11.		Vuerens 14.		Chavornai 11.	
Reſtans	Vies moyenes	Reſtans	Vies moyenes	Reſtans	Vies moyenes	Reſtans	Vies moyenes
239	43.2	135	33.10	222	37.3	20[illegible]	[illegible]0.
206	49.	108	41.3	190	42.6	174	45.9
193	51.3	104	41.10	177	45.2	166	46.11
181	51.5	95	42.8	160	46.9	146	50.2
176	47.11	91	39.6	146	46.1	135	49.2
172	44.	85	37.1	140	43.	130	46.
168	39.11	80	34.4	136	39.2	124	43.1
164	35.10	77	30.6	129	36.2	120	39.6
156	32.7	71	27.10	121	33.4	115	36.
152	28.4	66	24.8	116	29.7	112	31.10
142	25.2	56	21.6	106	27.1	108	27.11
136	21.1	53	19.6	101	23.3	104	23.9
122	18.3	46	16.10	96	19.4	102	19.3
108	14.5	44	12.5	87	16.	95	15.6
85	12.4	34	9.9	71	13.8	81	12.7
69	9.8	24	7.9	58	10.11	68	9.6
55	6.5	12	6.7	39	9.6	41	8.9
32	4.4	5	6.6	28	7.9	32	5.4
9	3.11	4	2.3	14	6.9	13	3.3
2	2.6	0	0	5	7.1	4	1.
27	1	22	10	27	0	27	9
50	4	33	4	37	6	50	[illegible]

Ordre de mortalité tiré de 43 Régiſtres.

Paroiſſes	Balaigue 13.		Grandſon 14.		Meyringen 10.		43 Paroiſſes	
Ages	Reſtans	Vies moyenes	Reſtans	Vies moyenes	Reſtans	Vies moyenes	Reſtans	Vies moyenes
0	107	48.11	156	44.	533	44.	17210	37.5
1	92	55.10	144	46.7	458	50.	13959	45.1
2	89	56.8	139	47.3	440	51.	13169	46.10
5	87	55.	124	49.10	419	50.6	12066	47.8
10	85	51.3	117	47.8	406	47.1	11245	46.
15	84	46.10	111	45.2	402	42.6	10868	42.6
20	82	42.11	107	41.9	390	38.9	10489	39.
25	81	38.6	104	37.10	373	35.5	10108	35.3
30	75	36.3	97	35.6	358	31.9	9695	31.9
35	72	32.8	95	31.2	335	28.9	9260	28.
40	69	28.10	88	28.6	311	25.10	8716	24.7
45	66	25.	86	24.1	290	22.6	8188	21.1
50	62	21.5	80	20.8	265	19.5	7366	18.
55	60	17.1	79	15.1	240	16.1	6679	14.6
60	56	13.	67	13.2	209	13.	5402	12.4
65	44	10.9	52	11.1	171	10.2	4313	9.9
70	36	7.7	37	9.9	126	7.11	2892	8.1
75	26	4.5	27	7.6	86	5.6	1871	6.
80	9	3.3	18	4.3	34	4.9	798	5.
85	2	2.6	5	3.11	14	2.9	291	4.4
Vie moyene.	29	11	28	3	27	5	26	2
terme moyen.	61	3	56	6	49	4	41	4

TABLE SIXIEME

CONTENANT

L'ordre de mortalité des deux ſexes.

EXPLICATION

DE LA TABLE SIXIEME.

CEtte table présente l'ordre de mortalité des deux sexes : d'un côté, celui des mâles ; de l'autre, celui des femelles : chacun en quatre colonnes, dont la premiere indique le nombre de personnes mortes d'un âge à un autre ; la suivante, le nombre de ceux qui restent en vie à chaque âge ; la troisieme le nombre de ceux qui restent en vie, calculé sur la proportion du nombre total de mille ; la quatrieme, la vie moyene de chaque âge.

On voit par cette table, que sur un même nombre de mâles & de femelles, les dernieres dès la premiere année de la vie, sont toujours en plus grand nombre, & que l'ordre de mortalité est très fort à leur avantage.

Ordre de mortalité des deux ſexes, tiré de 39 Régiſtres.

	MALES.				FEMELLES.			
Ages	morts de chaque âge	Reſtans de chaque âge	Sur mille	Vies moyenes	Mortes de chaque âge	Reſtantes de chaque âge	Sur mille	Vies moyenes
0		8170	1000	35.		8167	1000	39.4
1	1817	6353	778	43.8	1305	6862	840	45.9
2	357	5996	738	45.7	398	6464	789	47.6
5	536	5460	668	46.9	512	5952	726	48.6
10	389	5071	621	45.2	383	5569	682	46.8
15	183	4888	598	41.9	170	5399	661	43.1
20	181	4707	576	38.3	182	5217	639	39.6
25	194	4513	552	34.10	169	5048	618	35.9
30	192	4321	529	31.3	197	4851	594	32.1
35	198	4123	505	27.7	189	4662	571	28.3
40	270	3853	472	24.4	279	4383	537	24.10
45	250	3603	441	20.8	247	4136	506	21.2
50	385	3218	394	18.	402	3734	458	18.1
55	341	2877	352	14.9	318	3416	419	14.6
60	523	2354	288	12.4	688	2728	338	12.4
65	495	1859	228	9.9	528	2200	269	9.7
70	582	1277	156	8.0	759	1441	176	8.1
75	446	831	102	5.9	520	921	113	6.
80	473	358	44	4.9	543	378	46	5.3
85	233	125	15	3.10	235	143	17	4.
Vie moyene.				25.7				26.6
terme moyen				35.9				45.8

TABLE SEPTIEME

CONTENANT

L'ordre de mortalité des femmes & des filles.

EXPLICATION

CEtte table présente par des calculs fort combinés, l'ordre de mortalité des femmes & des filles, & fait voir que l'état du mariage est plus favorable pour la vie, que l'état du célibat.

La page A. colonne du milieu, présente l'ordre de mortalité des femelles en général, sans distinction de filles & de femmes.

Elle sont à la naissance au nombre de 7123, qui à 50 ans, se trouvent réduites à 3287, dont 527 encore filles & qui demeurent telles, 2760, actuellement femmes.

Pour établir l'ordre de mortalité de ces deux Classes, qui sont confondues ensemble dans le bas âge, je les ai séparées dès la naissance par une supposition, & un calcul proportionnel. Car si les 3287. femelles, qui restent en vie à 50 ans, sont le reste des 7123 que nous avions à la naissance, il est clair qu'en séparant par supposition les deux Classes, les 527 filles doivent être le résidu de 1230, & les 2760 femmes le résidu de 5893.

Les caracteres soulignés sont pour marquer les nombres ainsi établis par supposition.

La page B. en sept colonnes, présente tout ce calcul rassemblé. Au milieu, est l'ordre de mortalité des filles & femmes ensemble. A droite & à gauche en trois colonnes, la mortalité des filles d'un côté, celle des femmes de l'autre; non seulement telle que le registre l'indique, mais aussi telle qu'on l'auroit, s'il

étoit

étoit poſſible de ſéparer en effet, comme je l'ai fait par hypoteſe, les deux claſſes dès la naiſſance; & de plus, le nombre effectif de l'une & de l'autre Claſſe établi ſur les changemens combinés tant de la mort que du mariage.

La page C. préſente ces changemens dans le détail, & l'ordre ſuivant lequel la claſſe des femmes s'eſt peuplée aux dépens de celle des filles.

Le chifre ſoûligné, deuxieme page C. marque ce que la claſſe des femmes a perdu de ſon numéraire, par l'excédent du nombre des mortes, ſur celui des filles qui ont changé d'état.

Quant à la derniere colonne de l'une & de l'autre page, qui marque combien de perſonnes mortes ſur mille, il ſemble que les chifres ne ſe rapportent pas. La raiſon en eſt, que le calcul eſt établi ſur le moyen de deux nombres. Ainſi les 146 filles mortes entre 15 & 20 ans, ſont 33 ſur mille non de 4714. ni de 3951. mais du moyen de ces deux nombres.

A. Ordre de mortalité des femmes &

	FILLES			femel.	Femmes & Veuves		
Ages	Vies moyenes	Sur mille	Prises à leur naissance		Prises à leur naissance	Sur mille	Vies moyenes
0		1000	1230	7123	5893	1000	
1		840	1033	5983	4950	840	
2		792	974	5641	4667	792	
5		730	898	5200	4302	730	
10		683	840	4867	4027	683	
15		662	814	4714	3900	662	
20	38.	633	779	4562	3783	642	40.
25	34.8	605	744	4419	3675	624	36.
30	31.3	575	708	4250	3542	602	32.3
35	27.4	554	682	4094	3412	580	28.5
40	23.9	523	643	3849	3206	545	25.
45	20.1	492	605	3639	3034	516	21.4
50	17.6	429	527	3287	2760	469	18.1
55	14.	393	483	3013	2530	429	14.6
60	11.10	304	374	2395	2021	343	12.3
65	8.11	245	301	1927	1626	276	9.6
70	7.10	145	179	1238	1055	180	8.
75	6.1	85	108	786	678	116	5.10
80	6.1	30	40	314	274	48	5.
85	5.8.	12	18	114	96	18	4.4

Des filles, tiré des 35 Régistres. B.

FILLES			femel-	Femmes & Veuves		
Nombre effectif	Prises à leur naissance	Telles que porte le régistre		Telles que porte le régistre	Prises à leur naissance	Nombre effectif
	1230		7123		4893	
	1033		5983		4950	
	974		5641		4667	
	898		5200		4302	
	840		4867		4027	
4714	814	1099	4714	3615	3900	0
3951	779	953	4562	3609	3783	611
2258	744	830	4419	3589	3663	1861
1555	708	749	4250	3501	3542	2695
1129	682	703	4094	3391	3412	2965
838	643	650	3849	3199	3206	3011
693	605	606	3639	3033	3034	2946
527	527	527	3287	2760	2760	2760
		483	3013	2530		
		374	2395	2021		
		301	1927	1626		
		179	1238	1059		
		108	786	679		
		40	314	274		
		18	114	96		

C. Ordre de mortalité des femmes.

FILLES.

Ages	SORTIES			Restantes	Combien de mortes sur mille
	Par mort	Par mariage	Total		
15		0		4714	
20	146	617	763	3951	33
25	123	1270	1393	2558	38
30	81	922	1003	1555	39
35	46	380	426	1129	34
40	53	238	291	838	54
45	44	101	145	693	57
50	79	87	166	527	119

Sorties par mort - - - - 572
Sorties par mariage - - - 3615
Restantes à 50 ans - - 527

Somme 4714

Et des filles, tiré de 35 Régistres. C.

FEMMES.

Sorties par mort	Entrées par mariage	Gagnent ou perdent	Nombre actuel	Combien de mortes sur mille
0	0		0	
6	617	gag. 611	611	19
20	1270	1250	1861	16
88	922	834	2695	39
110	380	270	2965	39
192	238	46	3011	64
166	101	perd. 65	2946	56
273	87	186	2760	96

Entrées par mariage 3615
Sorties par mort - - 855

Restent 2760

TABLE HUITIEME

CONTENANT

La comparaison de l'ordre de mortalité, en divers quartiers du Pays.

EXPLICATION

DE LA TABLE VIII.

CEtte table présente une comparaison de l'ordre de mortalité en divers quatiers du pays, distribués en 8 classes, qui sont *Villes*, *Villages*, *Alpes*, *Jura*, *Pays de bled*, *Pays de vignobles*, *Vignes & Montagnes*, *Marais*.

Une même paroisse peut être envisagée sous plusieurs relations différentes.

Les pages suivantes contienent les catalogues des paroisses, qui composent les huit classes de cette table.

Le chifre qui est à côté du nom des paroisses dans les catalogues, marque le nombre des morts sur lequel est établi le calcul de la table. De même le chifre qui est sous le nom de chaque quartier de pays, marque le nombre effectif des morts sur lequel est établie la table, quoique tous les calculs pour faciliter la comparaison, soient ramenés au même nombre de mille.

CATALOGUE

Des paroiſſes qui entrent dans la Table VIII.

VILLES		VILLAGES.			
Vevey	1038	Blonai	276	Burſins	101
Lauſanne	1956	Montreux	536	Gingins	155
Rolle	294	Noville	208	St. Cergue	96
Nion	166	Aigle	691	Gimel	396
Aubonne	294	Leyzin	191	Etoi	94
Moudon	912	Bex	860	St. Livre	329
Grandſon	156	Gryon	125	Apples	170
7 Paroiſſes	4815	Ormont ſus	348	Pampigni	195
		Ormons ſous	523	Lisle	236
		Chateau d'Oex	943	Daillens	162
		Letivaz	82	Morens	196
		Roſſiniére	482	Siens	187
		Corſier	744	St. Cierge	239
		St. Saphorin	290	Doneloye	135
		Chebres	1088	Vuarens	222
		Vilette	121	Chavornai	203
		Savigni	316	Balaigue	107
		Pully	812	Mevringen	533
				36 Paroiſſes	12395

ALPES		JURA		PAYS DE BLED	
Leyzin	191	Savigni	316	Gingins	155
Bex	1860	Gingins	155	Apples	170
Gryon	125	St. Cergue	96	Pampigni	195
Ormont ſus	348	Gimel	396	Lisle	236
Ormont ſous	523	Lisle	236	Daillens	162
Chateau d'Oex	943	Morens	196	Morens	196
Letivaz	82	Balaigue	107	Moudon	912
Roſſiniére	482	*7 Paroiſſes*	1502	Siens	187
Meyringen	533			St. Cierge	239
9 Paroiſſes.	4087			Doneloye	135
				Vuarens	222
				Chavornai	203
				12 Paroiſſes	3012

VIGNOBLES		Vignes & montag.		Pays de marais	
Vevey	1038	Blonai	276	Noville	208
Blonai	276	Montreux	536	1 *Paroisses*	208
Montreux	536	Aigle	691		
Aigle	691	Bex	860		
Bex	860	Corsier	744		
Corsier	744	Chébres	1088		
st. saphorin	290	6 *Paroisses*	4195		
Chébres	1088				
Vilette	121				
Pully	812				
Lausanne	1956				
Rolle	294				
Bursin	101				
Nion	166				
Aubonne	294				
Etoi	94				
St. Livre	329				
Grandson	156				
18 *Paroisses*	9846				

Comparaiſon de l'ordre de mortalité

Ages	Villes 7 paroiſſes 4815		Villages 36 Paroiſſes 12395		Alpes 9 Paroiſſes 4087		Jura 7 Paroiſſes 1502	
	Reſtans	Vies moyenes	Reſtans	Vies moyenes	Reſtans	Vies moyenes	Reſtans	Vies moyenes
0	1000	36.	1000	37.5	1000	40.	1000	38.4
1	797	44.1	817	44.8	827	47.4	824	45.4
2	745	46.1	773	46.1	789	48.8	785	46.8
5	677	47.7	710	47.2	738	48.10	726	47.4
10	627	46.2	663	45.5	700	46.5	674	45.10
15	604	42.10	641	41.10	682	42.8	651	42.4
20	580	39.7	620	38.3	662	38.10	626	38.11
25	561	35.10	597	34.7	640	35.1	604	35.3
30	540	32.1	572	31.	616	31.4	576	31.10
35	518	28.4	548	27.3	589	27.8	554	28.
40	485	25.1	515	23.10	554	24.3	518	24.9
45	460	21.4	482	20.4	520	20.8	485	21.3
50	412	18.6	434	17.3	473	17.6	433	18.6
55	373	15.2	394	12.9	424	14.3	403	14.8
60	305	13.	317	11.6	349	11.9	331	12.4
65	249	10.4	251	8.10	279	9.1	269	9.7
70	179	8.6	164	7.3	186	7.3	181	8.
75	124	6.2	103	5.3	113	5.6	126	5.6
80	59	5.3	41	4.10	51	4.6	48	5.8
85	22	4.10	15	4.1	18	3.6	22	4.8
Vie moyene	26	4	25	10	26	3	26	3
terme moyen	37	10	42	3	47	1	42	8

En divers quartiers du Pays

Pays de bled 12 Paroisses 3012		Vignobles 18 Paroisses 9846		Vignes & montagnes 6 Paroisses 4195		Pays de marais 1 Paroisse 208	
Restans	Vies moyenes	Restans	Vies moyenes	Restans	Vies moyenes	Restans	Vies moyenes
100	37.1	1000	34.6	1000	33.9	1000	29.6
83	44.6	797	43.5	798	42.5	769	37.8
785	46.	747	45.3	749	44.2	731	38.8
718	47.2	679	46.8	681	45.6	659	39.1
669	45.6	628	45.4	628	44.2	595	37.11
642	42.4	606	41.1	603	40.11	576	34.2
619	38.6	583	38.6	579	37.6	542	31.
596	35.3	561	34.10	555	34.	499	28.6
571	31.8	538	31.3	531	30.5	470	25.2
550	27.9	514	27.8	506	26.10	456	20.11
514	24.6	483	24.3	475	23.5	418	17.6
489	20.8	453	20.8	444	19.10	341	15.6
437	17.10	408	17.8	400	16.9	264	14.6
400	14.3	370	14.2	363	13.3	206	13.
326	11.10	296	12.2	283	11.3	158	10.10
262	9.2	236	9.7	222	8.8	115	8.9
177	7.5	159	8.	141	7.3	57	9.2
112	5.3	106	5.9	87	5.3	38	7.3
43	5.3	47	5.	34	4.6	19	3.9
18	4.3	18	4.8	12	3.8	5	2.6
25	10	25	6	24	8	21	3
40	10	37	4	36	0	24	6

TABLE NEUVIEME

CONTENANT

La comparaison de l'ordre de mortalité en divers Pays.

Comparaiſon de l'ordre de mortalité.

Ages	Pays de Vaud 43 Paroiſſes		Paris 3 Paroiſſes, & 12 de la Campagne		Paris Paroiſſe St. Sulpice 30 ans		Normandie & Perche [illegible] aroiſſes	
	Reſtans	Vies moyenes	Reſtans	Vies moyenes	Reſtans	Vies moyenes	Reſtans	Vies moyenes
0	1000	37.5	1000	2[illegible]	1000	26.	1000	25.9
1	811	[illegible].1	731	33.	788	32.	759	32.10
2	765	46.10	632	38.			677	35.9
5	701	47.8	540	41.6	539	41.10	589	37.11
10	653	46.	489	40.2	474	41.2	537	36.5
15	631	42.6	472	36.9			509	33.4
20	610	39.	449	33.5	443	34.10	476	30.5
25	587	35.3	420	30.9			438	27.9
30	563	31.9	389	28.	390	29.	397	25.5
35	540	28.	355	25.			355	23.1
40	506	24.7	314	22.1			315	20.9
45	476	21.1	279	19.3	296	21.	274	18.4
50	428	18.	243	16.7			234	16.2
55	388	14.6	222	14.			196	13.8
60	314	12.4	169	11.1	191	12.8	151	11.3
65	251	9.9	135	8.6			121	9.1
70	168	8.1	90	6.2	110	8.2	82	7.1
75	109	6.	52	4.6			47	5.9
80	46	5.	23	3.7	38	4.9	29	4.8
85	17	4.4	10	3.			14	3.11
Vie moyene	29	2	22	0			21	0
terme moyen	41	4	8	0			16	0

En divers Pays

Londres Table de Simpson.		Londres Table de Hogdson.		Hollande Table de Kerseboom.		Suéde Table de Wargentin 3 ans	
Restans	Vies moyenes	Restans	Vies moyenes	Restans	Vies moyenes	Restans	Vies moyenes
100	19.4	1000	23.10	1000	34.6	1000	27.
679	27.3	710	32.4	803	41.9	687	37.1
547	32.9	614	36.4	768	42.8	618	40.1
453	36.3	526	39.3	689	44.5	514	44.11
410	34.11	490	37.	639	42.8	466	44.7
385	32.1	475	33.1	611	39.7	445	41.6
362	28.11	459	29.1	584	36.3	427	38.1
333	26.2	426	26.3	551	33.3	404	35.
301	23.9	385	23.9	508	30.6	381	32.
266	21.6	340	21.7	468	28.4	355	29.2
230	19.5	294	19.6	432	25.6	333	26.
193	17.10	246	17.10	400	22.4	304	23.2
160	15.10	204	16.2	362	19.5	280	20.
130	14.	165	14.6	319	16.9	251	17.
102	12.2	130	12.6	273	14.1	221	14.
78	10.2	99	10.7	225	11.7	181	11.4
54	8.6	69	9.2	175	9.2	140	9.
36	6.9	45	7.9	125	6.10	90	7.6
23	4.8	29	5.8	71	5.	54	6.
		14	4.2	32	3.4	25	5.
200		210		255		255	
36		80		310		6	

TABLE

Comparaison de l'ordre de mortalité

Ages	Vienne 8 ans		Breslau Table de Halley.		Leypsic 5 ans.		Brunswich 4 ans.	
	Restans	Vies moyenes	Restans	Vies moyenes	Restans	Vies moyenes	Restans	Vies moyenes
0	1000	23.4			1000	26.9	1000	26.5
1	635	35.6	1000	33.6	701	36.11	691	37.
2	577	38.	855	38.	644	39.1	634	39.3
5	502	40.5	732	41.3	548	42.7	548	42.2
10	461	39.1	661	40.5	496	42.	520	39.4
15	448	35.2	628	37.6	483	38.	506	35.4
20	430	31.7	598	34.2	466	34.4	486	31.9
25	403	28.6	567	30.11	437	31.6	453	28.9
30	371	26.4	531	27.11	407	28.6	411	26.6
35	342	23.10	490	25.	378	23.	380	23.6
40	299	20.7	445	22.4	348	22.7	338	21.1
45	266	18.	397	19.8	316	19.7	304	18.2
50	222	16.1	346	17.3	281	16.8	253	16.3
55	187	13.7	292	14.10	241	14.1	214	13.10
60	144	11.11	242	12.5	200	11.5	166	12.1
65	111	9.9	192	9.11	152	9.4	127	10.1
70	72	8.9	142	7.7	105	7.4	85	8.11
75	48	6.11	88	5.7	64	5.6	56	7.1
80	24	6.10	41	4.6	26	4.10	31	6.1
85	13	5.2	17	3.2	11	3.2	15	6.
Vie moyenne	22	0			22	10	22	10
terme moyen	6	4			9	0	16	0

En divers Pays.

Berlin 4 ans		Brandebourg 2 petites villes		Brandebourg 31 villages		Brandebourg Table generale de Sufmilch.	
Ref-tans	Vies moyenes	Ref-tans	Vies moyenes	Ref-tans	Vies moyenes	Ref-tans	Vies moyenes
1000	23.6	1000	28.6	1000	31.	1000	29.6
621	36.6	787	35.1	760	39.8	740	38.7
587	37.7	666	40.5	701	42.	660	42.3
509	40.2	585	42.10	631	43.6	584	44.7
480	37.7	528	42.2	573	42.8	540	42.9
470	33.6	510	38.7	547	39.7	518	39.9
454	29.6	494	34.9	521	36.6	496	36.4
420	26.10	476	31.	489	33.8	471	33.2
375	24.9	451	27.6	463	30.5	446	29.10
338	22.2	425	23.9	437	27.1	420	26.7
289	20.7	383	21.6	405	24.	385	23.9
253	18.1	351	18.3	375	20.9	350	20.11
216	15.9	307	15.6	339	17.8	313	18.1
178	13.7	254	13.1	302	14.6	271	15.6
136	12.1	192	11.6	248	12.2	226	13.1
105	10.	147	9.3	191	9.6	180	10.9
73	8.4	95	8.	133	7.7	130	8.11
46	7.	60	6.3	73	6.9	85	7.4
23	6.5	29	5.4	39	5.7	49	6.1
21	5.2	13	4.	17	5.7	24	5.
12	5	22	10	24	6	24	8
6	0	18	4	23	5	19	2

TABLE DIXIEME

CONTENANT

Les caſualités des batêmes & des morts dans chaque mois de l'année.

EXPLICATION

LA mortalité dans tous les pays, marche d'un pas fort inégal dans les diverſes ſaiſons de l'année. On obſerve qu'en général les trois premiers mois ſont les plus mal-ſains, ce ſont ceux auſſi où le froid eſt le plus rigoureux; mais une autre obſervation, dont on ne conçoit pas ſi aiſément la cauſe, c'eſt que les mois qui donnent le plus de morts, donnent ordinairement auſſi le plus de batêmes.

J'ai raſſemblé cette double caſualité dans la table X. Page 100. préſente pour Vevey & pour Londres, la caſualité des batêmes, 1°. le nombre effectif des batêmes. 2°. Leur nombre calculé ſur la proportion de mille batêmes. 3°. Ce même nombre calculé ſur la proportion de mille morts.

Exemple. Vevey en 60 ans ayant eu, 4727 batêmes, 5610 morts, c'eſt 843 batêmes ſur mille morts. Ainſi les 484 batêmes en Janvier, ſur le nombre ſuppoſé de mille dans toute l'année, montent à 103. & ſur le nombre ſuppoſé de mille morts, ils montent à 86.

Pour plus grande exactitude, comme la date de naiſſance n'eſt pas toujours indiquée dans les régiſtres, j'ai ſuppoſé nés au mois précédent, tous les enfans batiſés les ſept premiers jours de chaque mois.

La page 101 préſente la caſualité des morts, pour Vevey, Londres, les petites villes d'Angleterre, Dantzig, & Berlin, cette caſualité tant en nombre effectif, que calculée ſur la proportion de mille morts pour chacun des ſuſdits lieux.

Les pages 102 & 103. préſentent pour Vevey, les mêmes caſualités calculées ſur le nombre de mille, mais pour des tems différens. 1°. dix années malſaines, qui ſont 1704. 1715. 1719. 1725. 1729. 1736. 1740. 1741. 1750. 1759. 2°. Les cinquante années ſaines. 3°. Les ſoixante réunies depuis 1704 à 1763. incluſivement. Et de l'autre côté en ſix colonnes, les caſualités pour chaque dixaine d'années.

On y voit, tant dans la colonne des 50 bonnes années, que dans celle qui raſſemble la totalité conſidérable des 60 ans, que conſtamment les ſaiſons qui donnent plus de morts donnent auſſi plus de batêmes, & l'oppoſé; & quoique cette régle ſoit ſouvent dérangée par les années épidémiques, le même ordre ſe retrouve toujours quand on embraſſe un nombre d'années conſidérable tel que celui de 60 ans.

ET DES MORTS

de l'année.

Vevey 60 ans morts.		Londres 15 ans morts.		Petites villes d'Angleterre morts.		Danzig 10 ans morts.		Berlin 10 ans morts.	
Effectifs.	Sur 1000	Effectifs.	Sur 1000.	Effectifs.	Sur 1000.	Effectifs.	Sur 1000.	Effectifs.	Sur 1000
534	95	38561	102	16932	94	1717	83	2886	75
501	89	34001	90	16126	89	1634	79	3060	79
617	110	35021	92	17641	97	1676	82	3907	102
482	86	30046	79	17670	97	1973	95	3334	87
448	80	33269	88	16618	92	1943	95	3327	86
385	69	27871	74	13680	76	1706	83	3773	98
366	65	25488	67	13034	72	1637	79	2748	71
454	81	29454	78	12795	71	1585	77	2845	74
492	88	31206	82	12999	72	1585	77	3768	98
454	81	30693	81	13629	75	1711	83	2813	73
389	69	31626	84	14074	78	1759	85	2727	7
488	87	31599	83	15658	87	1678	82	3293	86
1652	294	107583	284	50699	280	5027	244	9853	256
1315	235	91186	241	47968	265	5622	273	10434	271
1312	234	86148	227	38828	215	4807	233	9361	24[illegible]
1331	237	93918	248	43361	240	5148	250	8833	230
5610	1000	378835	1000	180856	1000	20604	1000	38481	1000

CASUALITE'S DES BATEMES dans chaque mois

	Vevey 10 années mal-saines.		Vevey 50 années saines.		Vevey 60 ans.	
	Bat.	morts	Bat.	morts	Bat.	morts.
Janvier	108	59	101	105	103	95
Fevrier	105	84	96	91	97	89
Mars	72	102	93	112	89	110
Avril	77	85	84	86	83	86
Mai	112	74	80	82	86	80
Juin	54	65	65	70	63	69
Juillet	79	69	73	64	74	65
Aoust	66	107	82	73	79	81
Septembre	94	105	79	83	82	88
Octobre	78	102	84	75	83	81
Novembre	82	74	78	68	79	69
Décembre	73	74	85	91	82	87
1er. Quartier	285	245	290	308	289	294
2d. Quartier	243	224	224	238	232	235
3e. Quartier	239	281	234	220	235	234
4e. Quartier	233	250	247	234	244	237
toute l'année	1000	1000	1000	1000	1000	1000

ET DES MORTS
de l'année.

Vevey de 1704 à 1713		Vevey de 1714 à 1723		Vevey de 1724 à 1733		Vevey de 1734 à 1743		Vevey de 1744 à 1753		Vevey de 1754 à 1763	
Bat.	morts.	Bat.	morts	Bat.	morts	Bat.	morts	Bat.	morts	Bat.	morts
116	79	108	88	107	96	109	113	95	105	78	88
88	79	116	107	94	111	100	80	78	78	108	86
91	99	85	116	80	98	98	130	88	107	93	108
99	92	87	77	78	76	70	92	90	96	76	83
69	82	78	68	96	71	91	83	80	82	99	93
59	67	53	68	70	55	73	76	74	66	49	78
87	64	74	68	72	86	62	61	75	61	77	51
81	108	71	88	83	77	77	58	87	85	73	71
82	108	70	87	80	100	86	66	88	82	84	84
82	71	71	78	83	94	76	78	92	89	95	75
62	61	100	70	71	74	81	70	76	59	82	81
84	90	87	85	86	62	77	93	77	90	86	102
295	257	309	311	281	305	307	323	261	290	279	282
227	241	218	213	244	202	234	251	244	244	224	254
250	280	215	243	235	263	225	185	250	228	234	206
228	222	258	233	240	230	234	241	245	238	263	258
1000	1000	1000	1000	1000	1000	1000	1000	1000	1000	1000	1000

TABLE ONZIEME

CONTENANT

L'ordre de mortalité des petits enfans, qui meurent dans la premiere année de la vie.

EXPLICATION

LA vie de l'homme fragile dans tout ſon cours, eſt foible ſurtout dans ſes premiers commencemens. On voit par les tables V. VI. VII. VIII. IX. qui préſentent l'ordre de mortalité de divers lieux, qu'en tous Pays, la premiere année de la vie eſt beaucoup plus meurtriére que toutes les autres. On verra par celle-ci que le premier mois de la vie, & ſurtout la premiere ſemaine, ſont plus meurtriers auſſi, & de beaucoup, que le reſte de la premiere année.

J'ai raſſemblé dans cette table XI. l'ordre de mortalité des petits enfans, tel qu'il eſt indiqué par M. Struyck pour la Hollande, & par M. Suſmilch pour Berlin, & tel encore qu'il eſt indiqué dans le mortuaire de Vevey & de ſept autres paroiſſes du pays, qui ſont celles de Corſier, de Chebres, de Gryon, d'Ormont, de Leyzin, Pampigny, & Chavornay.

On ſait que dans les villages principalement, les indications d'âges ne ſont pas toujours d'une parfaite exactitude. Souvent un enfant de 5 ou de 7 mois, eſt indiqué âgé de demi années, & un enfant de 10 ou 11 mois, indiqué âgé d'une année avec le correctif d'environ. Trouvant donc le 6 & le 12 mois plus chargés que les autres, j'ai rectifié cette erreur, ce qui dans le fond ne fait aucun changement quant au but pour lequel cette table eſt conſtruite, puiſque j'ai l'aiſſé ſubſiſter ſans aucun changement, la mortalité des premiers mois ſuivant l'indication des régiſtres.

Pour ce qui eſt de la ville de Vevey, j'ai eu ſoin de vérifier ſur le régiſtre baptiſtaire, toutes les indications du mortuaire, enſorte qu'on peut compter ſur l'exactitude des indications & du calcul.

Mais en réuniſſant les divers ordres de mortalité que cette table nous préſente, on trouvera par tout l'uniformité dans ces deux points, ſavoir, que les premiers jours & les premiers mois de la vie ſont les plus meurtriers, & encore que la premiere année de la vie eſt plus dangereuſe pour les mâles que pour les femelles. Car la mortalité des filles, dans la premiere année de la vie, eſt à celle des garçons;

Suivant la table de M. Struyck pour la Hollande,

Comme 1000 à 1294.

Suivant celle de M. Suſmilch pour Berlin,

Comme 1000 à 1238.

Suivant ma VI. table, pour le pays de Vaud,

Comme 1000 à 1387.

Suivant le calcul de cette table XI. pour Vevey

Comme 1000 à 1389.

NB. Que dans notre Pays la proportion pour les mâles eſt plus défavorable qu'en Allemagne & en Hollande. Cela viendroit-il uniquement du phyſique, & ne pourroit-on point ſauver pluſieurs petits garçons, ſi l'on connoiſſoit mieux la maniére de les ſoigner, & de les traiter dans leurs maladies.

Ordre de mortalité des petits enfans

Mois de la vie.	Hollande Table de Struyck. garçons	filles	2. sex.	Sur 1000	Vevey 20 ans. effectif.	Sur 1000	Pays de Vaud 7 Paroisses effectif.	Sur 1000
I.	179	142	321	457	224	579	175	323
II.	71	48	119	169	31	80	68	126
III.	56	33	89	127	23	59	51	94
IV.	30	17	47	67	14	36	36	67
V.	15	8	23	33	17	44	33	61
VI.	8	18	26	37	8	21	32	59
VII.	9	5	14	20	21	54	29	54
VIII.	7	14	21	30	7	18	25	46
IX.	5	8	13	19	11	29	23	42
X.	4	6	10	14	12	31	23	43
XI.	6	5	11	16	7	18	23	42
XII.	6	2	8	11	12	31	23	43
Total	396	306	706	1000	387	1000	541	1000
1er. Quartier	306	223	529	753	278	718	294	543
2d. Quartier	53	43	96	137	39	101	101	187
3e. Quartier	21	27	48	69	39	101	77	142
4e. Quartier	16	13	29	41	31	80	69	128
l'année entiére	396	306	702	1000	387	1000	541	1000

ONZIEME.

Dans la premiere année de la vie.

	Berlin 1746. Table de Susmilch.				Vevey 1745 a 1764. 20 ans.			
	garçons	filles	2. sexes	Sur 1000	garçons.	filles	2. Sexes	Sur 1000
Nés morts	83	59	142	161	40	28	68	176
1ere Semaine	57	38	95	107	67	37	104	269
2de Semaine	39	45	84	95	11	7	18	46
3e. Semaine	13	14	27	31	9	10	19	49
4e. Semaine	11	12	23	26	8	7	15	39
1er. Mois	203	168	371	420	135	89	224	579
2d. Mois	50	40	90	101	16	15	31	80
3e. Mois	34	33	67	76	12	11	23	59
1er. Quartier	287	241	528	597	163	115	278	718
2d. Quartier	79	55	134	152	22	17	39	101
3e. Quartier	63	45	108	122	22	17	39	101
4e. Quartier	60	54	114	129	18	13	31	80
l'année entiére	489	395	884	1000	225	162	387	1000

TABLE DOUZIEME

CONTENANT

La proportion des enfans & des adultes en diverses Paroisses, & la vie moyene de ces mêmes Paroisses.

EXPLICATION

CEtte table sur chaque paroiſſe, nous préſente quatre objets différens, les enfans, les adultes, les batêmes annuels, & la vie moyene. Les trois premiers en deux maniéres; le nombre effectif, & le même nombre calculé ſur la proportion de dix mille ames ſuppoſées dans chaque paroiſſe. La vie moyene ſuivant trois différens calculs employés dans mes tables.

Le but que je me ſuis propoſé en dreſſant cette table, étoit de rechercher, ſi en effet le Pays de Vaud a ſur les autres pays, quelque avantage pour la vie moyene; & ſi l'avantage que certaines paroiſſes ſemblent avoir ſur d'autres en ce point, eſt bien réel.

Qu'on jette les yeux ſur la table V. on y verra des paroiſſes où le terme moyen va juſqu'à 61 ans, d'autres où il n'eſt que de 25. de même la vie moyene priſe à la naiſſance, ſe trouve varier depuis 50 ans 7 mois, juſqu'à 29 ans 6 mois. Et le moyen quoique plus égal, ne laiſſe pas que d'avoir encore une variation aſſez conſidérable, dequis 29 ans 11 mois, juſqu'à 21 ans 3 mois.

Qu'on jette les yeux ſur la table IX. on y verra la vie moyene priſe en tous ſens, toujours plus favorable chez nous que dans les autres pays.

On a ſoupçonné que ces lieux privilégiés pourroient n'avoir à cet égard qu'un avantage apparent, qui pouvoit être l'effet naturel de leur moindre fécondité; enſorte qu'y ayant dans ces lieux-là, une plus grande émigration de la jeuneſſe, un plus grand nombre de célibataires, moins d'enfans en proportion & plus d'adultes, il eſt tout naturel qu'il y ait auſſi moins de morts dans les bas âges de la vie, & que par conséquent la vie moyene donne dans ce pays un quotient plus considérable, en telle sorte que si cette conjecture se trouve vraie, la prétendue supériorité de notre pays pour la force de la vie, ne seroit qu'une preuve de la misére de notre population.

Pour lever donc pleinement l'objection, j'ai dressé ma liste de 40 paroisses, arrangées suivant que les adultes y sont en plus grand nombre, à proportion des enfans. En général il paroît bien que la raison indiquée y entre pour quelque chose, que la vie moyene est plus forte dans les paroisses, où les adultes se trouvent en plus grand nombre; mais les exceptions à cette régle sont en si grand nombre, qu'on est obligé de reconnoître, que des causes de salubrité s'y joignent aussi: par exemple, Lausanne qui est la troisieme dans cette liste, est une des derniéres pour la force de la vie. St. Cergue au contraire, la derniére de toutes dans cette liste, est une des premieres pour la force de la vie.

Delà je conclus, que comme il n'y a point d'uniformité de proportions, entre le nombre des habitans & celui des batêmes, ou des morts; que la proportion trouvée dans un lieu, se trouve différente dans un autre; de même la vie moyene est plus forte dans un lieu, que dans un autre, & que notre pays jouit à cet égard d'un avantage réel, indépendamment de l'émigration plus ou moins grande, du nombre plus ou moins grand d'enfans & d'adultes, & des autres causes accessoires.

NB. Les batêmes effectifs sont par entiers, & dixiemes; ainsi.

Leysin 8. 3 signifie $8\frac{3}{10}$

La vie moyene par années & par mois.

Enfans & adultes, batêmes annuels,

Paroisses	Enfans		Adultes		Bat. annuels		terme	Vie	moyen
	effectif.	Sur 10000	effectif.	Sur 10000	effectif.	Sur 10000	moyen	moyene	moyen
Leyzin	103	2543	302	7457	8.3	205	61.0	50.7	29.5
Vevey	840	2508	2510	7492	75.5	225	45.	38.8	27.6
Lausanne	1925	2677	5266	7323	194.9	271	29.6	33.5	26.3
Balaigue	90	2761	236	7239	7.2	221	61.3	48.11	29.11
Gryon	96	2771	250	7229	9.0	266	54.4	45.11	27.7
Letiva	50	2778	130	7222	4.0	222	49.3	42.10	25.9
Aigle	612	2801	1573	7199	51.5	236	39.2	35.6	24.9
Moudon	555	2833	1404	7167	48.3	266	39.4	36.10	26.
St. Saphorin	165	2895	405	7105	17.0	298	39.6	36.10	25.8
Rolle	297	2946	711	7054	27.9	277	31.2	37.4	26.9
Rossiniére	191	2957	455	7043	13.5	209	50.	40.10	27.
Lisle	299	2972	707	7028	27.4	272	49.2	42.9	28.3
Bex	675	2977	1592	7023	64.4	284	36.2	36.	25.5
Nion	541	2977	1276	7023	50.2	282	51.	45.	28.1
Blonai	380	3055	864	6945	31.1	250	25.10	32.9	25.2
Bursin	241	3062	546	6938	24.8	315	37.3	37.3	26.2
Pampigni	200	3063	453	6937	18.4	285	42.	38.8	27.2
Doneloye	176	3066	398	6934	16.6	272	33.4	33.10	22.10
Daillens	229	3090	512	6910	16.0	216	54.6	44.6	28.5
Chavornai	296	3096	660	6904	24.1	252	50.4	40.	27.9

& vie moyene, en diverses Paroisses.

Paroisses	Enfans		Adultes		Bat. annuels		terme	Vie	moyen
	effectif	Sur 10000	effectif.	Sur 10000	effectif.	Sur 10000	moyen	moyene	moyen
Montreux.	705	3107	1564	6893	58.5	257	39.1	36.2	25.7
St. Cierge.	285	3128	626	6872	23.2	255	50.4	43.2	27.1
Chateau d'Oex.	548	3129	1203	6871	44.4	253	49.2	42.	26.9
ormont sous.	450	3132	987	6868	40.5	282	43.6	35.9	25.
iens	191	3157	414	6843	20.0	266	44.3	36.6	26.6
Chebres.	361	3270	743	6730	35.1	318	35.8	34.6	24.11
St. Livre.	284	3298	577	6702	24.5	285	46.8	38.8	26.8
Gimel	355	3306	715	6694	30.7	287	48.6	40.4	27.5
Vuarens	249	3315	502	6685	23.4	312	37.6	37.3	27.
Noville.	237	3405	459	6595	17.8	256	24.6	29.6	21.3
Ormont sus.	420	3460	794	6540	38.6	318	45.3	45.3	26.4
toi	232	3478	435	6522	20.0	300	45.	43.7	26.5
ully	332	3506	615	6494	30.3	320	31.6	34.2	26.
Corsier.	568	3517	1047	6483	43.1	267	39.	35.1	25.5
Gingins.	249	3619	439	6381	19.6	285	33.3	34.	24.10
Morens	321	3660	556	6340	24.7	282	29.	32.	23.3
avigni.	455	3814	738	6186	37.4	314	31.2	33.7	24.7
pples.	267	3858	425	6142	23.5	340	47.10	41.	25.9
ubonne	554	3877	875	6123	56.4	348	17.3	29.10	24.10
. Cergue.	77	4503	94	5497	66.6	386	52.3	47.5	29.2

TABLE TREIZIÉME

CONTENANT

Les proportions des Enfans morts en bas âge.

EXPLICATION

CEtte table peut être envisagée comme une suite, & une continuation de la précédente, du moins le but est-il le même. J'avois rassemblé dans la table XII. les proportions des enfans, des adultes, & des batêmes annuels, comparés avec la vie moyene dans chaque lieu, & cela pour connoître, si la force de la vie dépendoit uniquement du nombre plus ou moins grand d'enfans & d'adultes. Assuré par cette recherche, que la différence de vie moyene d'un lieu à un autre, venoit du concours de plusieurs causes rassemblées & combinées, j'ai voulu fixer par un calcul absolu & non relatif, l'avantage ou le désavantage précis de chaque paroisse pour la vie forte des enfans.

Pour cet effet, prenant pour chaque paroisse, le nombre des batêmes & des morts qu'elles ont fourni, pendant un certain nombre d'années indiqué à côté du nom des dites paroisses; prenant aussi le nombre des enfans morts pendant le même espace de tems, au dessous de de l'âge de 15 ans; la proportion d'iceux sur le nombre égal, tant de mille batêmes, que de mille morts, donne à connoître au juste, quel est le lieu où la vie des enfans est la moins casuelle.

Sans donc me mettre en peine, s'il y a dans chaque lieu, plus ou moins d'enfans, ou d'adultes, peu ou beaucoup de célibataires ou d'emigrans, quelle que puisse être sur l'ordre de mor talité l'influence de ces causes accidentelles, il demeure certain, que la paroisse ou le pays, qui sur le nombre donné de mille batêmes, conserve un plus grand nombre d'enfans, & les améne jusques à l'adolescence, a visiblement l'avantage sur les autres.

Or par cette table, il paroît que non seulement d'une paroisse à l'autre, la différence est quelquefois très grande, mais que notre pays, sur la totalité des 40 paroisses, a un avantage bien décidé sur les autres.

Proportions des enfans morts en bas âge.

Paroisses & années		Bat.	morts	Enfans morts au dessous de 15 ans.	Proportions d'iceux Sur 1000 Bat.	Sur 1000 morts
St. Cergue	38.0	263	96	22	84	22[illegible]
Lisle	21.0	575	236	71	124	30[illegible]
Nion	5.6	278	166	39	140	23[illegible]
Daillens	15.6	313	162	45	144	27[illegible]
Etoi	7.0	140	94	21	150	22[illegible]
Apples	13.8	313	170	50	160	29[illegible]
Leyzin	24.9	180	191	36	200	18[illegible]
St. Cierge	13.0	332	239	67	202	28[illegible]
St. Livre	20.6	555	329	121	218	36[illegible]
Balaigue	13.0	96	107	23	240	21[illegible]
Morens	13.0	320	196	79	247	40[illegible]
Gryon	14.0	120	125	30	250	24[illegible]
Pampigni	15.8	288	195	72	250	36[illegible]
Vuarens	14.0	320	222	82	256	36[illegible]
Gimel	15.9	505	396	135	267	34[illegible]
Siens	14.0	274	187	75	274	40[illegible]
Chavornai	11.0	265	203	73	275	36[illegible]
Savigni	12.8	468	316	129	276	40[illegible]
St.Saphorin	19.3	380	290	105	276	36[illegible]
Doneloye	11.0	177	135	50	282	37[illegible]

en diverſes paroiſſes.

Paroiſſes & années		Bat.	morts	Enfans morts au deſſous de 15 ans	Proportions d'iceux Sur 1000 Bat	Sur 1000 morts
rſin	5.0	124	101	35	282	347
rlier.	22.8	1000	714	300	300	403
lle .	13.0	340	294	105	309	357
ville.	14.8	283	208	88	311	423
iva .	18.0	70	82	22	314	268
ateau. d'Oex	18.0	847	943	273	322	289
mont ſus.	11.0	374	348	122	326	351
ontreux.	10.3	603	536	200	332	373
ſſiniére.	28.5	492	482	164	333	340
ngins.	10.0	194	155	65	335	419
ébres.	40.0	1340	1088	451	336	415
bonne	8.3	420	294	142	338	483
x .	15.3	955	860	323	338	375
lly	35.0	1000	812	346	346	426
udon	17.9	982	912	351	358	385
mont ſous.	13.0	535	522	201	376	384
vev.	12.8	919	1038	369	401	355
gle .	12.8	652	691	264	405	382
uſanne	10.0	1949	1956	852	437	436
nai .	8.0	248	276	124	500	449
Paroiſſes		19489	16400	6122	314	373

Proportions des enfans morts en bas âge, en divers pays.

PAYS	Batêmes	morts	Enfans morts au deſſous de 15 ans	Proportion d'iceux Sur 1000 Bat.	Su[illegible] 100 mor[illegible]
Pays de Vaud 40 Paroiſſes	19489	16400	6122	314	37[illegible]
Paris Paroiſſe St. Sulpice 30 ans	69600	48538	26253	377	54[illegible]
Hollande Table de Kerſeboom	1000		389	389	
Vienne 4 ans Table de Suſmilch	42931	47091	26013	606	5[illegible]
Berlin 4 ans Table de Suſmilch	17962	16225	8013	446	49[illegible]
Breslau Table de Halley	1238		610	496	
Brandebourg Table générale de Suſmilch.	1330	1000	482	363	48[illegible]
Pomeranie 9 ans Table de Suſmilch	114503	85915	39521	345	46[illegible]

TABLE QUATORZIEME

CONTENANT

L'extrait d'un dénombrement de la ville de Vevey, fait au mois de Septembre 1764.

EXTRAIT DU DENOMBREMENT

IL y a dans la ville de Vevey 392 maiſons, compriſes neuf foraines, outre les temples, les halles, greniers, granges, & autres bâtimens non habités. De ces 392 maiſons, 5 appartiennent à LL. EE. de Berne, 6 à la ville de Vevey, 1 à l'ordre de Malthe, 1 au Couvent de la Part-Dieu, 2 au Couvent de la Val-Sainte, 2 à des particuliers Fribourgeois, 298 à des bourgeois de Vevey, 77 à des particuliers non bourgeois.

La population actuelle en Septembre 1764. ſe trouva monter à 3350 ames, faiſant 778 feux; il y avoit 503 maris, 503 femmes, outre 25 maris, & 49 femmes vivans ſéparément de leurs conjoints; 66 veufs, 200 veuves, 429 garçons au deſſus de ſeize ans, 734 filles au deſſus de quatorze; 396 garçons en bas âge, 445 filles en bas âge.

Les domeſtiques au nombre de 348; mais compris dans le nombre total de 3350 ames, ſavoir 58 valets, dont 22 de luxe, 36 de travail; 290 ſervantes dont 256 de luxe, 34 de travail.

Je dois avertir que les mots de *domeſtiques de luxe*, ſont ici employés dans le ſens le plus étendu, dont ces expreſſions ſoient ſuſceptibles. J'appelle ainſi tout domeſtique, qu'on ne tient que par une ſuite de ſa condition, & non point pour des travaux proprement ainſi nommés. Ainſi quand un bourgeois fait ſes vignes de ſa main, valets & ſervantes ſont de néceſſité;

mais

mais un ménage ordinaire, même avec un jardin, tel qu'il y en a cent qui se passent de domestiques, ne peut avoir suivant le sens que j'attache à ces expressions, que *des domestiques de luxe.*

J'aurois fort souhaité d'avoir quelques dénombremens anciens, pour piéces de comparaison; mais quoique j'aye ouï dire qu'il s'en étoit fait autrefois, je n'ai pu en découvrir aucun, ni même m'assurer de leur existence. J'en avois dejà fait auparavant deux autres, l'un en Janvier 1758. qui monta à 3262 ames, mais où j'ai apperçu ensuite plusieurs omissions; l'autre en Février 1765. qui ayant été fait sur le canevas du prémier, est d'une parfaite exactitude, & qui me donna aussi 3350 ames, précisément le même numeraire que celui de 1764.

Les deux pages suivantes indiquent le lieu d'origine, de chaque famille ou individu demeurant à Vevey.

Ceux qui possédent la bourgeoisie depuis 150 ans, sont reputés originaires du lieu-même, sans que je me sois mis en peine de leur chercher une autre origine.

Les domestiques, ouvriers, & pensionaires sont en plus grand nombre qu'ils ne sont indiqués ici, parce que je n'ai mis dans la liste, que ceux dont les parens sont domiciliés ailleurs; mais tout domestique, ouvrier, & pensionaire, dont les parens sont établis dans Vevey, bourgeois ou non-bourgeois, est rapporté dans les classes de ceux-ci, & non point dans les colonnes intitulées *domestiques*, *ouvriers*, *pensionaires*.

Suivant le lieu d'origine

Lieux d'origine.	Bour geois	Non bour-geois	domeſtiques	ou-vriers	pen-ſionai-res	nom-bre total
De la ville même	291					291
du reſte du balliag.	83	92	26	7	6	214
Gouvernement d'Aigle	8	25	13	11	0	57
Rougemont la partie Romande	102	80	11	7	0	200
Balliage d'Oron	45	162	25	3	0	235
de Moudon	35	63	60	10	1	169
de Payerne	4	12	0	3	0	19
d'Avenche				1	0	1
d'Yverdon	9	18	9	5	2	43
de Romainmotier	20	43	7	2	0	72
de Lauſanne	84	283	92	17	6	482
de Morges	33	25	18	3	1	80
d'Aubonne	2	5	0	3	0	10
de Nion	6	1	0	2	0	9
d'Echalens	3	32	3	2	0	40
de Grandſon	8	5	0	6	0	19
de Morat la partie Romande	7	0	0	2	0	9
Allemands du Canton	27	129	29	28	14	227

des personnes & des familles.

Lieux d'origine.	Bourgeois	Non bourgeois	Domestiques	Ouvriers	Pensionaires	Nombre total
Allemands Suisses	19	65	0	6	7	97
Allemands étrangers	74	15	1	40	0	130
Canton de Fribourg	6					6
Vallais				1	0	1
Comté de Neufchâtel	89	116	2	10	0	217
Bienne la partie Romande	7	10				17
Montbeillard	2					2
Geneve	7	10	2	3	3	25
Pays de Gex	31					31
France	282	230	5	14	3	534
Savoye	40	33	1	4	0	78
Piémont	9					9
vallées de Piémont	1	9				10
Valteline	11					11
Hollande		2				2
Suede		2				2
Afrique			1			1
Sommes	1345	1467	305	190	43	3350

ERRATA.

Pour les Tables.

Page 18 ligne 6 colonne 7 au lieu de 243 *lisez* 143.
20 ligne 17 col. 1 12 paroiſſe, *liſez* 112.
ibidem Col. 8 111310 *liſez* 112310 faute importante à corriger, puiſque c'eſt la ſomme de toute la population.
29 ligne 5 col. 8 au lieu de 24 *liſez* 241.
31 ligne 14 col 7 193 *liſez* 293.
41 ligne 13 col 2 1717 *liſez* 1713.
64 au bas, le dernier chifre, au lieu de 25. 6 *liſez* 25. 0
65 ligne 13 col. 6 au lieu de 40. 1 *liſez* 40. 11
ligne 15 col. 2 38. 9 *liſez* 33. 9.
67 ligne 16 col. 2 32. 9 *liſez* 32. 8.
68 ligne 25 col. 4 20 *liſez* 26.
72 ligne 9 col 7 43. 4 *liſez* 43. 8.
ligne 10 col 4 136 *liſez* 137.
83 ligne 9 col. 6 6893 *liſez* 5893.
ligne 16 col. 6 3663 *liſez* 3675.
96 ligne 29 col. 2 29. 2 *liſez* 26. 2 faute importante à corriger, puiſque c'eſt la vie moyenne de 43 paroiſſes.
95 ligne 14 col. 2 37.7 *liſez* 37.9
ligne 30 col. 1 12.5 *liſez* 21.5 faute importante à corriger, puiſque c'eſt la vie moyenne d'une ville conſidérable.
102 ligne 21 col. 4 224 *liſez* 229.
108 ligne 19 col. 4 706 *liſez* 702.
114 ligne 17 col. 9 42.9 *liſez* 49.9 faute importante à corriger, puiſqu'elle donne la vie moyenne d'une paroiſſe trop foible de beaucoup.
122 ligne 16 col. 1 Vienne 9 ans *liſez* 8 ans.

NB. Il y a erreur dans les chifres des pages des Tables : les chifres ſont doubles depuis pag. 93 à 96.

www.ingramcontent.com/pod-product-compliance
Ingram Content Group UK Ltd.
Pitfield, Milton Keynes, MK11 3LW, UK
UKHW020315230726
13925UKWH00002B/428

9 782013 605090